Wolfgang Lehnen

BÄUME IM URBANEN RAUM

VORWORT

Liebe Leserinnen,
liebe Leser,

liebe Baumfreundinnen und Baumfreunde,

Wälder und Bäume üben seit jeher einen magischen Einfluss auf die Menschen aus – Bäume sind ein Symbol des Lebens. Seit Jahrtausenden lassen sich Menschen von ihnen inspirieren, zahllose Legenden und Weisheitslehren ranken sich um den Baum. Spätestens seit der Romantik suchte man die Nähe der Bäume, als Gegenpol zur hektischen Geschäftigkeit der Zivilisation – heute würde man dazu Entschleunigung sagen. Zwar dürften die meisten unserer „tausendjährigen Bäume“ in Wahrheit eher fünf- oder sechshundert Jahre alt sein. Doch wenn sie sprechen könnten, was hätten sie zu berichten – von großen und kleinen Revolutionen, von tiefen Veränderungen in Landschaften und Lebensweisen.

Seit jeher stehen Bäume für Dauer und Stabilität, sie geltem als Schutzspender und Kraftquelle. Und doch sind sie der Macht des Menschen ausgeliefert. Wer einmal erlebt hat, wie ein Baum gefällt wurde, den wird erschreckt haben, wie schnell dies geht. Nicht mehr einschlagen, als nachwächst, nicht an die Substanz gehen, sondern kommenden Generationen ihren Anteil lassen – das hat Carl von Carlowitz, der deutsche Ahnherr des Begriffs der Nachhaltigkeit, schon vor über 300 Jahren angemahnt. Ein solches Vorsorge-Denken wird heute dringender denn je, in allen Bereichen unseres Lebens und Wirtschaftens, gebraucht. Wolfgang Lehnen hat sich in seinem Ratgeber für Kommunen, Städte, öffentliche Träger, Planungsbüros und sonstige Baumfreunde ebenfalls viele kostbare Gedanken über die Zukunft der Bäume gemacht. Die Rahmenbedingungen verändern sich rasant. Er gibt mit seinem Ratgeber wertvolle Impulse weiter, die uns für die Zukunft im Umgang mit unseren Bäumen sensibilisieren sollen.

Ich wünsche Ihnen viel Spaß beim Lesen!

Ihr

Patrik Lauer
Landrat des Landkreises Saarlouis

INHALT

EINLEITUNG 6

FEHLER IM BAUMMANAGEMENT ALLGEMEIN 8

STANDORTAUSWAHL FÜR BÄUME IM URBANEN RAUM 12

Die Geologie 13
Das Umfeld 15
Die Windlast 18
Wie gestaltet sich die optimale Pflanzgrube? 19
Der Straßenbegleitbaum 24
Der einfaulende Ast 28

DER BODEN UND SEINE „TRAGENDE“ ROLLE 30

Was ist Boden? 31
Die Funktion des Baums 32
Weitere Faktoren 33

DAS RICHTIGE PFLANZGUT WILL GEFUNDEN WERDEN 34

Welche Größe soll unser Baum am Tag der Pflanzung bereits ausweisen? 35
Die Größe des Baums 36
Die richtige Baumschule 37
Die richtige Pflanzgrube 39
Die Pflanzung 41

RICHTIGE ERZIEHUNG DER BÄUME AM STANDORT 46

Schnittmaßnahmen 47

Baumstützen und Randumfassungen: Gepflanzt, bezahlt, vergessen 48

DAS RICHTIGE, LANGFRISTIGE PFLEGEKONZEPT 51

Nur der Schnitt, der nicht umgesetzt wird, ist ein guter Schnitt! 52

ALTE BÄUME AM STANDORT ERHALTEN 55

Warum Altbäume erhalten? 56

DER WEG ZUM HABITATBAUM 61

Der Baum im Alter 62

PFLEGE EINES HABITATBAUMS 67

Die Krone 68

Die Kronensicherung 70

Der Stamm 71

Die Wurzeln 73

FAZIT 76

BAUMARTEN UND IHRE STANDORTANSPRÜCHE 78

Nadelbäume 79

Laubbäume 81

CHECKLISTE VOR DER BAUMPFLANZUNG 93

EINLEITUNG

Im Zuge meiner beruflichen Tätigkeiten als ÖBV Sachverständiger für Baumstatik, Baumsanierung und Schadpilze am Baum, erlebe ich nahezu täglich die Auswirkungen falscher Pflege an den etablierten Bäumen im urbanen Raum.
Teils aus blindem Aktionismus, mangels fachlicher Kompetenz oder sogar mutwillig, weil gleichgültig, werden unzählige Bäume „in Grund und Boden" gepflegt.
Bäume stellen auch im Kampf gegen den Klimawandel einen elementaren Bestandteil dar. Sie können diesen vermindern oder gar dazu beitragen, diesen aufzuhalten.
Umso wichtiger ist es aus meiner Sicht, dem Grün die bestmögliche Pflege zu bieten.
Um hier eventuell einen einheitlichen Standard zu definieren, schreibe ich die nachstehenden Zeilen.

Sollten Sie anderer Ansicht sein oder Fehler in meiner Interpretation entdecken, kommen Sie gerne jederzeit auf mich zu. Denn nur gemeinsam erreicht man hier Großes!

Ich hoffe, mit diesem Buch einen Umbruch in Gang zu setzen, einen Umbruch, der die Weichen zu einem neuen und vor allem richtigen Umgang mit unseren Bäumen stellt. Bewusst versuche ich in den kommenden Zeilen auf Fachbegriffe zu verzichten, um das Buch vielen zugänglich zu machen und einen großen Nutzen zu generieren.
Ich wünsche Ihnen viel Spaß beim Lesen und hoffe, Ihnen neue Anregungen an die Hand geben zu können.

Grüne Grüße
Ihr Wolfgang Lehnen

FEHLER IM BAUMMANAGEMENT ALLGEMEIN

Zu Beginn stelle ich eine Frage:
Was bedeutet der Begriff Baummanagement und was umfasst dieser Begriff?
Zum Baummanagement zähle ich grundsätzlich alles, was mit dem Baum zu tun hat. Also schon der erste Gedanke „wir könnten ja mal einen Baum pflanzen“ gehört aus meiner Sicht bereits dazu, da hier ein Wille generiert wird, Grün zu etablieren. Denn ist diese Idee erst einmal gefasst, geht es oft sehr schnell. Amtsleiter telefoniert mit Bauhof, Bauhof bestellt bei dem bekannten Lieferanten (schließlich arbeitet man schon jahrelang zusammen) einen Baum. Ausrücken, Loch graben, Baum rein … und oftmals war es das dann auch schon. So sieht die traurige Realität leider aus.
„Wir machen das jetzt seit 30 Jahren so, dann machen wir das jetzt auch so“, ist ein Standardsatz in vielen Bereichen. Eingeschliffene Prozesse, mangelndes Fachwissen

durch fehlende Weiterbildung oder eben einfach nur die Gleichgültigkeit führen zu diesen Aussagen.
Sehr viele Kommunen und Städte erkennen gerade, wie wichtig etablierte Bäume im urbanen Raum sind und wie wichtig die Pflanzung neuer Bäume ist und wird! Aber bitte nicht, wie oben beschrieben.
Nachstehend werde ich tiefer in die Thematik zum Baummanagement eingehen. Denn „ich hab's ja gut gemeint" bringt uns hier nicht weiter.

Baummanagement beginnt also schon bei der Planung.

Die Idee einen Baum zu pflanzen ist gefasst, wie gehen wir jetzt weiter vor?
Sinnvoll ist es immer, eine genaue Standortanalyse durchzuführen oder extern umsetzen zu lassen.
Denn nur wenn ich den Standort kenne, kann ich eine Auswahl geeigneter Bäume finden.
Dabei ist der Standort viel mehr, als nur der Platz an dem der Baum später leben soll.

Lange habe ich überlegt, welche Kriterien in eine genaue Standortansprache einfließen sollten.
Ergebnis ist folgendes Diagramm:

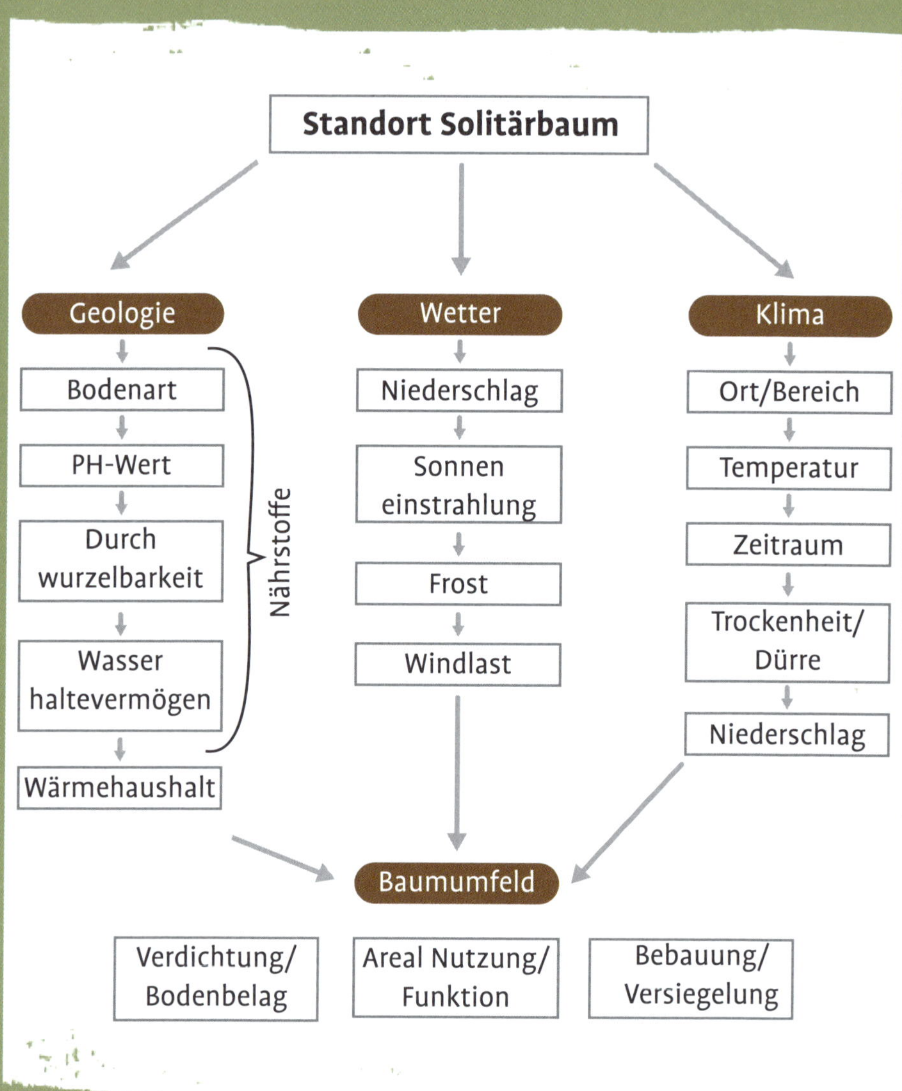
Standort Solitärbaum
Geologie
Bodenart
PH-Wert
Durch wurzelbarkeit
Wasser haltevermögen
Wärmehaushalt
Nährstoffe
Wetter
Niederschlag
Sonnen einstrahlung
Frost
Windlast
Klima
Ort/Bereich
Temperatur
Zeitraum
Trockenheit/ Dürre
Niederschlag
Baumumfeld
Verdichtung/ Bodenbelag
Areal Nutzung/ Funktion
Bebauung/ Versiegelung

Schaut man sich dieses Diagramm an, erkennt man sofort, dass es mit „Loch graben und Baum rein" lange nicht getan ist.
Jede Baumart hat individuelle Ansprüche an den Standort.
Der Baum muss doch auch hier die nächsten Jahrzehnte überleben.
Es ist also sinnvoll, bereits in der Planung alle Aspekte, die den Standort betreffen, genau abzuwägen.

STANDORTAUSWAHL FÜR BÄUME IM URBANEN RAUM

Jede Baumart hat individuelle Ansprüche an den Standort. Muss der Baum doch auch hier die nächsten Jahrzehnte überleben.
Es ist also sinnvoll, bereits in der Planung alle Aspekte die den Standort betreffen, genau abzuwägen.
Besonders wichtig ist hier der Blick auf die vorliegende Geologie.

DIE GEOLOGIE

Bäume werden gerne unterteilt durch ihr natürliches Wurzelbild, also die Form, in der der Baum seine Wurzeln austreibt. Man unterteilt hier in Flach-, Pfahl-(Tief-) und Herzwurzeln. Alle benannten Wurzelsysteme stellen aber nur einen theoretischen Wert dar. Pflanzt man zum Beispiel eine Sommerlinde auf verdichtetem Boden, wird auch diese Baumart zwangsläufig zum Flachwurzler. Was bleibt dem Baum anderes übrig?
Die falsche Standortwahl kann also sehr schnell zu einer gefährlichen Wahl werden, da die Statik mittelfristig massiv beeinträchtigt werden kann.
Solche Beeinträchtigungen sind durch einen Baumkontrolleur im Zuge der Regelkontrollen nicht zu erkennen. Man schafft daher künstlich eine Gefahrenquelle und dadurch auch monetären Mehraufwand.
Tiefgründige Böden sind elementar, um einen Baum langfristig am Standort zu erhalten und stellen den wichtigsten Bestandteil einer richtigen Standortwahl.
Ebenso wichtig ist die versiegelte Fläche im Umfeld des Baumes.
Immer wieder zu sehen: der obligatorische „Strohhalm“ an der Straße.
Ein Baum steht in einem Pflanzfeld, 1x1m, rundum eine kleine Erhöhung aus Randsteinen und vegetiert vor sich hin. Wassereintrag von außen ist nahezu unmöglich. Der Baum arbeitet also mit dem Niederschlag, der ihm genau auf seinem Quadratmeter zur Verfügung steht.

Schaffen seine Suchwurzeln es dennoch zu expandieren, sind Schäden an der benachbarten Bausubstanz oft die Folge, meist zum Ärger des Eigentümers.
Diese Fehlplanungen und falsche Umsetzungen kosten den Baumbesitzer nicht nur Zeit und Ärger, sondern auch unnötiges Geld. Ein hoher Mehraufwand an Pflege und Kontrolle schlägt hier kräftig zu Buche.
Es greift die Devise: Jeder gepflanzte Baum ist ein guter Baum. Dem widerspreche ich sehr gerne.
Blinder Aktionismus ist hier absolut fehl am Platz, da ein Baum über Jahrzehnte zu planen und zu erhalten ist.

DAS UMFELD

Zum Baumumfeld gehört nicht nur die Verdichtung, sondern auch die Bebauung im Umfeld. Vielen Bäumen macht die abstrahlende Wärme benachbarter Gebäude oder Bodenbeläge stark zu schaffen. Man muss nur an den armen „Parkplatzbaum“ denken. Im Sommer auf freier Fläche, angestrahlt von Sonne UND Umfeld: Asphaltierte Straßen und Parkplätze, Gebäudemauern und Autos. All dies muss der Baum kompensieren, was er natürlich nur in den seltensten Fällen schadlos übersteht.
Rindennekrosen durch Sonnenbrand, Fehlentwicklungen in der Krone und dadurch bedingte fehlende Assimilation sind unter anderem die Folge.

Die benannten Nekrosen stellen wiederum eine Eintrittspforte für Pilze und/oder Bakterien dar, die dem Baum weiter zusetzen und ihn unter Umständen mittelfristig zum Absterben bringen. Man investiert also Gelder, um einen Pflegefall zu erschaffen, welcher nach einem Bruchteil seiner üblichen Standzeit wieder ausgetauscht werden muss.
Das kann nicht gewollt sein und sollte spätestens beim Lesen dieser Zeilen deutlich werden.

Für die Standortauswahl gibt es zwei Ansätze:
1.) Wir entscheiden uns für eine Baumart und suchen den richtigen Standort

2.) Wir haben einen vorgegebenen Standort, was wohl die häufigste Variante darstellt, und suchen den geeigneten Baum.
In beiden Fällen ist mein Diagramm sicher hilfreich.

Zu 1.:
Sicher hat es Vorteile, wenn man sich durch planerisches Tun auf eine Baumart festlegen möchte. Ein Baum spielt oft eine Rolle in der Gestaltung des Geländes.
Hier wird die Herausforderung, den optimalen Standort zu finden, jedoch zum Problem. Ohne den Standort spezifisch ansprechen zu können, bleiben fast nur Pioniergehölze um eine Fläche zu Begrünen, da diese eher anspruchslos gegenüber dem Boden sind.
So, wie wir unsere Vorlieben bei Speisen und Getränken haben, haben auch die Bäume ihre Ansprüche. Je genauer die Standortqualität der Baumart zuspricht, desto gesünder und vitaler wird der Baum dort wachsen.
Optimaler Standort = optimaler Baum!
Nur so erreichen wir eine möglichst lange Standzeit mit ebenfalls möglichst geringem Pflegeaufwand.

Zu 2.:
Wir haben also einen vorgegebenen Standort und suchen die geeignete Baumart.
Wichtig im Vorfeld ist es, den Standort genau zu beschreiben (siehe Diagramm).
Je mehr Parameter wir beantworten können, desto besser geht es später dem ausgewählten Baum. Immer daran denken: die Mühe am Anfang spart bereits kurzfristig Geld!
Absolut wichtig ist es, die Grund-Geologie zu kennen. Welche Bodenart haben wir?
Ist es ein durchlässiger, warmer Boden, oder eher ein lehmiger Boden? Oder haben wir ein Grundgestein, welches für den Baum nicht durchwurzelbar ist?
Um dem Baum den benötigten Wurzelraum zu bieten, müssen wir diese Fragen beantworten können. Vermeiden Sie das Pflanzen auf „gut Glück".
Hieraus kann schnell ein hohes Gefahrenpotential entstehen. Durch mangelnde Wurzelbildung wird die Statik massiv beeinträchtigt und das Fatale: es ist von außen, also im Zuge einer Baumkontrolle, nicht erkennbar.

12
11
10
09
08
07
06

DIE WINDLAST

Ein weiterer, sehr wichtiger Faktor ist die zu erwartende Windlast. Man sollte immer im Auge behalten, welchen Baum setze ich welcher Windlast aus. Eine freistehende Fichte bei lehmigem Boden wird sicher an diesem Standort nicht „in Rente“ gehen.
Wir sollten also immer daran denken, welche Kronenform hat der Baum (daraus ergibt sich die Schwingungsneigung): will ich erziehen, welche Windlast habe ich zu erwarten und – hier ist es wieder – welche Geologie habe ich?
Ein junger Baum wird sich im Zuge seines Wachstums mit Windgegebenheiten auseinandersetzen und sich diesen anpassen.
Er bildet also sogenannte Zug- und Druckwurzeln sowie Zug- und Druckholz aus, was die optimale Statik gewährleistet. Aber eben nur dann, wenn die Geologie ihm dieses erlaubt.
Egal welchen Faktor wir behandeln, wir werden immer wieder im Bereich der Geologie ankommen und uns diesem widmen müssen.
Es ist als elementar anzusehen, dass wir den Standortanspruch einer Baumart kennen sollten, bevor wir in die Planung der Pflanzung gehen.
Natürlich kann man kleinere Abstriche machen, denn ein „Schlaraffenland“ wird es im urbanen Raum für unsere Bäume nur selten geben.
Allerdings sollte es Ziel sein, so viele Faktoren wie möglich in der Planung zu berücksichtigen und umzusetzen.
Es besteht natürlich auch die Möglichkeit, den Standort so „umzubauen“, dass er für den geplanten Baum in Frage kommt.
Hierzu wird geeignetes Pflanzsubstrat eingebracht. Dies ist bei vielen Pflanzungen bereits gängige Praxis. Und doch werden auch hier sehr oft Fehler gemacht.
Allzu oft wird die Größe der Pflanzgrube nicht ausreichend berücksichtigt und diese zu klein dimensioniert.

WIE GESTALTET SICH DIE OPTIMALE PFLANZGRUBE?

Eigentlich ist diese Frage ganz einfach zu beantworten.
Wir haben am Pflanztag einen Jungbaum vor uns stehen und viele denken, das Pflanzloch muss doppelt so groß sein wie der Wurzelballen und es passt. Hier haben wir bereits den ersten Fehler! Wir müssen nicht nur berücksichtigen, wie groß der Baum am Pflanztag ist, sondern welches Kronenvolumen er im Zuge seiner Funktionserfüllung erreichen wird.
Die reine Pflanzgrube scheint ausreichend, jedoch müssen wir auch die künftige Baumscheibe mit in die Planung einbeziehen.
Ein zu pflanzender Bergahorn mit einer Kronenbreite von 1,5m benötigt also 3m Pflanzgrube, aber, wenn wir uns seine natürliche Krone im Alter anschauen, eine Baumscheibe von 30m im Radius. Eher mehr als weniger!
Es ist nicht zielführend, einen Baum in eine Baumscheibe zu setzen, welche nicht dem natürlichen Kronenvolumen angepasst wird.
Der Jungbaum wird in der Wurzel expandieren. Erreicht er dann vielleicht verdichtetes Substrat, eine Mauer, eine Straße oder sonstige verdichtete Flächen, wird er sein Wurzelwachstum in der Regel in dieser Richtung einstellen und sich neue Wege suchen.
Hier wird nicht nur die Vitalität des Baumes leiden, sondern eventuell auch die spätere Statik, da die Wurzelausbildung nicht wie genetisch bestimmt vollzogen werden kann.

Die optimale Baumscheibe erreiche ich jedoch leider nur an wenigen Standorten.
Dies ist durch Bebauung etc. aus der Vergangenheit oft so vorgegeben und nur selten zu ändern. Unser Streben sollte aber mindestens die optimierte Baumscheibe sein, wenn die optimale Baumscheibe nicht erreichbar ist.
Auch die Tiefe der Baumscheibe, also je nach Wurzelausbildung das Substrat im vertikalen Bereich, spielt eine sehr große Rolle.
Wie bereits erwähnt, bilden verschiedene Baumarten auch unterschiedliche Wurzelsysteme aus.
Wir unterscheiden hier in:

- Tiefwurzler
- Flachwurzler
- Herzwurzler.

Wie ebenfalls bereits beschrieben, sind diese Begriffe in den meisten Fällen theoretische Werte, da wir die Grundgeologie nur selten kennen und der Baum sein Wurzelbild den Gegebenheiten anpasst.
Aus meiner Sicht ist es nahezu unmöglich, die Standsicherheit eines Baumes in der Stadt genau zu bewerten. Aus einem Tiefwurzler kann mangels Substrat oder durch vorhandene Verdichtung auch ein Flachwurzler werden. Dieser Faktor sollte jedem bewusst sein.
Es gibt mittlerweile sehr gute Standortverbessernde Maßnahmen, die es teilweise sogar möglich machen, im urbanen Raum eine passende Baumscheibe zu „bauen".
Hierzu werden mit Substrat gefüllte Körper in den Boden eingelassen, die für den Baum in der Zukunft durchwurzelbar bleiben. Diese Systeme sind befahrbar, können also auch als Parkplatz oder Straße genutzt werden. Ein sehr großer Vorteil, den es zu nutzen gilt!
Die Optimale Baumscheibe erreiche ich also nur dann, wenn ich den Baum in seinem ausgewachsenen Zustand betrachte und dementsprechend plane.
Eventuell durch den Standort vorge-

gebene kleinere Baumscheiben sollen aber kein Hindernis darstellen, sich eventuell doch für eine eigentlich groß wachsende Baumarten zu entscheiden.
Wer Bäume in der Jugendphase „erzieht", kann auch an eher schlechten Standorten einen guten Baum erhalten.
Wichtig ist hier in der Planung bereits die Erziehungsschnitte zu berücksichtigen. So kann man die Höhe, das Lichtraumprofil und auch die Kronenbreite fördern und formen. Halte ich die Krone kleiner, halte ich auch das Wurzelsystem kleiner. Der Baum wird nur dann im Wurzelraum expandieren, wenn ihm Nährstoffe fehlen und dem kann man mit geeigneten Hilfsmitteln entgegenwirken.
Oftmals kann es auch sinnvoll sein, in kleinen „Trupps" zu pflanzen, also eine Mischung aus Pionierbaumarten und Bäumen, die langfristig am Standort erhalten werden sollen.
So erreicht man eine schnelle Begrünung einer Fläche, kann unterschiedliche Baumarten zur gegenseitigen Pflege nutzen (Astreinigung, Düngung, Beschattung…) und erhält einen stabilen Bestand für die Zukunft.
Dies gilt nicht nur für kleine Baumgruppen, sondern auch für Alleen.
Auch hier kann die Mischung von Baumarten sehr positive Effekte erzielen.
Gerne nehme ich hier als Beispiel das Anpflanzen von Silberlinde und Sandbirke. Es gibt allerdings zahllose Möglichkeiten in diesem Bereich.
Wichtig ist, die Baumarten so zu wählen, dass wir eine schnell und eine langsam wachsende Baumart nebeneinander etablieren und auch der Lichtanspruch sollte bedacht werden.
Ein typisches Beispiel sind Buche und Eiche.
Die Eiche als absolute Lichtbaumart wächst schnell nach oben, während die Buche als Halbschattbaumart auch „verhocken" kann und unterständig wächst. Wir erreichen also einen stufigen Aufbau und nutzen die natürliche Astreinigung.
Auch kleine Begleitpflanzen, zum Beispiel Blühpflanzen, können von großem Vorteil sein.
Wir fördern so die Durchmischung des Bodens, schaffen lockere Böden und fördern den natürlichen Nährstoffeintrag. Ganz nebenbei schaffen wir Kleinstbiotope für eine Vielzahl von Insekten.
Ebenso wichtig wie das Substrat, ist die Lage des Baumes. Steht dieser frei, zum Beispiel an einem Ortseingang

Vergessener Baumschutz. Solche Bäume werden nicht überleben. Hier hat man Gelder schlicht „verbrannt“. Der folgende Aufwand ist enorm.

oder solitär auf einer Freifläche, sollte unbedingt, vor allem in der Jugendphase, an einen geeigneten Sonnenschutz gedacht werden.
Es genügt, den Stamm weiß zu kalken oder eine Bastmatte anbringen, um Folgeschäden wie Rindennekrosen oder Hitzerisse durch Sonnenbrand zu vermeiden.
Sollte man sich für Bastmatten entscheiden, ist es auch hier wichtig, im Pflegeplan zu vermerken, dass der Stammschutz nach einer gewissen Zeit zu entfernen ist, respektive so anzubringen ist, dass der Stamm im Dickenwachstum keine Beeinträchtigung erhält, also mitwachsen kann.
Gleiches gilt für die Baumanbindung in der Jugendphase. Leider sehe ich zu oft, dass Baumstützen nicht nur „falsch“ angebracht, sondern über die Jahre schlicht vergessen wurden. Das angebrachte Seil wächst im Stamm ein, verletzt diesen dadurch und schafft eine Eintrittspforte für Pilze und/oder Bakterien.
Dies kann schnell zum Absterben des Baumes führen.
Die Baumanbindung sollte im unteren Drittel des Stammes angebracht sein, um die Bildung von Reaktionsholz sowie die Festigung des Halteapparates (Wurzeln) zu fördern.
So schafft man dem Baum ausreichend Zeit, sich den natürlichen Gegebenheiten an seinem Standort anzupassen und statisch optimal zu wachsen.

Freistehende Neupflanzung ohne Sonnenschutz. Schäden am Baum sind vorprogrammiert!

DER STRASSEN-BEGLEITBAUM

Sehr gerne gesehen sind Bäume, die unsere Straßenzüge begleiten. Ob Solitär, versetzt gepflanzt oder als Allee: Bäume sind immer ein optisches Vergnügen entlang unserer Straßen.
Sie lockern und prägen das Landschaftsbild, schaffen eine Biotopvernetzung, beeinflussen das Mikroklima, bieten eine Heimat für unzählige Tierarten und beruhigen uns im Alltag.
Und gerade bei diesen Bäumen sollte in der Pflanzplanung bereits an einiges gedacht werden!
Oftmals stehen diese Bäume exponiert in sonnigen Flächen, was den bereits erwähnten Sonnenschutz unabdingbar macht.
Achtung! Auch Altbäume sollten bei Freistellung am Stamm weiß gekalkt werden, um Sonnenbrand zu vermeiden!
Vielleicht wird der Straßenbegleitbaum mit Anfahrschäden konfrontiert: Hier sollte man, je nach Lage, einen Einzelschutz zum Beispiel per Kurz-Leitplanke einplanen. Optimal wird der Baum in einer angepassten Distanz zur Straße gepflanzt.
Nicht zu unterschätzen ist der Eintrag von Harnstoffen und Chlorid durch Hundeurin!
Gerade Straßenbegleitbäume oder Bäume in Parkanlagen sind massiv betroffen und leiden still.
Durch den täglichen mehrfachen Besuch unserer vierbeinigen Freunde können an der Rinde massive „Verbrennungen“ entstehen, die wieder-

um als Eintrittspforten für Pilze und/ oder Bakterien fungieren.
Eine angebrachte Beschilderung, die auf das Thema hinweist, ist meist nicht zielführend, da dies manche Hundeführer nicht interessiert. Hier mangelt es an Sensibilität und um das Wissen in besagter Thematik.

Hier könnte ein Ansatz sein, per Folie im unteren Stammbereich zumindest den Eintrag am Baum selbst zu verhindern. Natürlich ist der Hundeurin im Boden ebenfalls nicht gut für den Baum, aber hier besteht die Möglichkeit einer Verdünnung durch Niederschlag.

Schutzmaßnahmen eines solitären Baumes an einer Landstraße. Wo ein Wille, da ein Weg!

Der fehlende Abstand zur Straße muss nicht gleich die Entnahme des Baumes darstellen. Wie hier zu sehen, gibt es durchaus Möglichkeiten den Baum zu erhalten und trotzdem die Gefahrenabwehr zu gewährleisten!

Die optimale, in der Praxis aber wohl nicht umsetzbare Variante wäre es, den Baum gegen das Annässen durch Hunde in Gänze zu schützen, also gegen Zutritt zu Sichern.
Ein weiterer wichtiger Aspekt im Leben eines Straßenbegleitbaumes ist der Eintrag von Salzen. Vor allem im Winter muten wir unseren Bäumen schier Unglaubliches zu.
Das ausgebrachte Streusalz im Winterdienst stellt für so manchen Baum am Ende der Saison das Absterben in Aussicht.
Im privaten Bereich ist das Ausbringen von Streusalzen bereits in einigen Bundesländern verboten, unter anderem aus den benannten Gründen.
Im Kommunalen Bereich eine andere Lösung zu suchen und auch zu finden, scheint momentan nicht gewollt, auch wenn es diverse Möglichkeiten gibt.
Die Schäden, die bundesweit durch Streusalze an den etablierten Bäumen entstehen, verursachen sicher enormen Kosten.
Diese könnte man mit bereits vorhandenen Lösungen vermeiden oder zumindest verringern. Es gibt sowohl Alternativen zum Streusalz als auch Möglichkeiten etablierte Bäume zu schützen. In die Berechnungen der Kosten werden die Bäume jedoch nicht aufgenommen und dadurch werden die Alternativen uninteressant, weil zu teuer.
Der Straßenbegleitbaum stellt wohl die größte Herausforderung in der Planung, Pflanzung und Pflege dar, wenn all dies denn richtig umgesetzt werden soll.
Sehr viele Faktoren spielen eine Rolle, um den „geeigneten" Baum zu finden. Prinzipiell geht mein Rat hier in die Richtung, Bäume zu wählen, welche eine dickere Rinde aufweisen.
So kann der Baum zumindest bedingt etwas besser gegen die oben aufgeführten Einflüsse reagieren, respektive sich „wehren".
Sollte man dennoch Baumarten wählen, die eine dünnere Rinde aufweisen, muss man auch eine verringerte Standzeit in Kauf nehmen.
Denkbar ist es allerdings auch, zum Beispiel eine Allee nur für einen mittelfristigen Zeitraum zu planen und anzulegen.
Diese Methode könnte bei Industriegeländen oder auch bei Neubaugebieten eine Umsetzung finden, da solche Areale durch stetige Veränderung bekannt sind und der Baumbestand sich hier anpassen und mitwachsen könnte.

Die Anlage einer Allee mit Sandbirke mag hier als Beispiel dienen.
Wir rechnen bei dieser Baumart mit einer Umtriebszeit von etwa 70–80 Jahren.
Da die Birke schnell im Wuchs ist und eine Straße schnell begrünen und beschatten kann, wäre dies eine Möglichkeit mittelfristig eine Lösung zu finden.
Erkennt man in den Jahren der Standzeit eine Weiterentwicklung der Fläche, kann man durch selektives Beipflanzen den Charakter der Allee ändern oder anpassen.
All dies sollte aber im Vorfeld eingeplant werden, damit keine Lücken entstehen.
Für den mutigen Amtsleiter ergeben sich auch ganz neue Möglichkeiten. In der Krone großvolumige Bäume, die schnell im Wuchs eine Straße im Dach überlagern können, wäre zum Beispiel die Paulownia tomentosa, der Blauglockenbaum.
Diese Baumart gilt als Klimabaum, ist sehr anspruchslos gegenüber seinem Standort und hat einen enormen jährlichen Terminalzuwachs.
Die Krone ist als dicht und ausladend zu beschreiben, das Blattwerk ist mehr als Handtellergroß groß, was die Beseitigung im Herbst problemloser gestaltet.
Lediglich in der Jugendphase muss der Baum gegen Frost geschützt werden.
Aus meiner Sicht eine gute Möglichkeit, schnell einen Standort nachhaltig zu begrünen.
Es gibt sicher eine Vielzahl an Möglichkeiten, eine Neupflanzung zu planen und einen Bereich somit auch gestalterisch zu heben.
Aber diese Maßnahmen sollen wohl durchdacht und im Vorfeld gut geplant sein.
Nur dann lassen sich monetäre und ökologische Ausfälle vermeiden oder zumindest minimieren: Planung ist die Basis für eine langfristige Nutzung unserer Bäume!

DER EINFAULENDE AST

Falsche, oder zu große Schnittflächen, führen wie hier gezeigt, sehr oft zu unkontrolliertem und starkem Einfaulen der Holzsubstanz. Die Statik wird so mittelfristig beeinträchtigt. Schnittwunden größer als 10cm im Durchmesser sind daher zu vermeiden!
Durch solche Schnittführungen schafft man sich künstlich künftige Pflegefälle. Der Kontrollintervall, die Pflege und somit auch der finanzielle Aufwand am Baum steigen enorm.

Beginnt man in der Jugend mit den Pflege - & Erziehungsschnitten, entzieht man sich der Notwendigkeit überhaupt Schnitte in der benannten Dimension umsetzen zu müssen.
Merke: Langfristige Planung und frühzeitige Pflege, dient nicht nur der Vitalität und Gesundheit des Baumes, sondern erhält auch mit minimalen Mitteln die Verkehrssicherheit etablierter Bäume und spart somit auch Gelder, die man in anderen Bereichen einsetzen kann.

Schnittstelle
Kallusbildung
Zersetzte Holzsubstanz

DER BODEN UND SEINE „TRAGENDE“ ROLLE

Ich habe jetzt viel über den Standort philosophiert, ohne näher auf den Boden einzugehen.
Das liegt daran, dass der Boden eine sehr komplexe Sache darstellt und nicht in zwei, drei Sätzen erklärt werden kann.

WAS IST BODEN?

Laut Definition, ist Boden der belebte und obere Bereich der Erdkruste, in dem unterschiedliche chemische und biologische Prozesse ablaufen.
Und doch ist Boden so viel mehr als es die reine Definition zu vermitteln vermag.
Prinzipiell unterscheiden wir zwischen folgenden Bodenarten:

- Sandboden
- Schluffboden
- Tonboden
- Lehmboden

Alle Bodenarten bestehen aus diesen vier Grundböden.
Kriterium der jeweiligen Zuordnung ist die Korngröße der jeweiligen Grundsubstanz.
So ist Sand gröber als Schluff, Schluff ist gröber als Ton! Lehm hingegen besteht zu etwa gleichen Teilen aus Sand, Schluff & Ton.
Je höher die Korngröße, desto wärmer ist der Boden und desto geringer ist das Wasserhaltevermögen.
Die benannten Bodenarten kommen nicht in Reinform vor, sondern eher als Gemisch der unterschiedlichen Komponenten.
Man spricht zum Beispiel von tonigen Lehmböden oder sandigen Schluffböden.
Gerade weil es die Bodenarten nicht in Reinform gibt, ist die genaue Bestimmung des Standortes so wichtig.
Und hier ist sie wieder: die Geologie!
Wir sollten, bevor wir die Baumart wählen, also genau über unseren vorhandenen Boden informiert sein.
Daher rate ich zu einer Bodenprobe, mit einer Analyse zu Wärmehaushalt, PH Wert und Wasserhaltevermögen (Wasserhaushalt), sowie die Temperatur.

Diese Werte reichen im Groben in der Regel aus, um die geeignete Baumart zu dem Standort zu wählen.
Aber: wir befinden uns nur in der Geologie. Alle anderen bisher benannten Parameter sollten ebenfalls ihre Berücksichtigung finden.
Eine Liste geeigneter Baumarten nebst Standortanspruch finden Sie im letzten Teil dieses Buches.

DIE FUNKTION DES BAUMS

Ein weiterer Aspekt in der Standortansprache sollte die Funktion des Baumes berücksichtigen: Wofür und aus welchem Grund pflanze ich einen Baum? Auch hier gibt es viele Möglichkeiten. Sei es die Ortsbildprägung, also die Schaffung eines neuen Mittelpunkts in einem Dorf oder einer Stadt, sei es die Funktion als Schattenspender, als Gestaltungsgrün zum Beispiel auf einem Friedhof oder der „Spielbaum“ auf einem Spielplatz oder einem Schulhof. Hier ergeben sich zu verschiedenen Standorten ganz unterschiedliche Anforderungen an den Baum, welche es zu erfüllen und zu planen gilt.
Die Sommerlinde, die auf einem Friedhof, oder in der Ortsmitte einen tollen Eindruck machen kann, ist auf einem Schulhof eher fehl am Platz.

WEITERE FAKTOREN

Auch sollten im Vorfeld nachstehende Fragen geklärt werden:

- Mit welchen Emissionen habe ich zu rechnen?
- Ist der Baum stark totholzbildend oder eher ein Totasterhalter (Kiefer)?
- Ist der Baum ganz oder in Teilen, zum Beispiel die Frucht des Baumes, eventuell giftig? (Robinie).
- Ist der Baum natürlicherweise sehr astbildend veranlagt (Lichtraumprofil, Kletterbaum) und viele weitere Fragen.

Zur richtigen Wahl der Baumart gilt es also, so viele bekannte und auch unbekannte Faktoren wie möglich festzustellen und danach seine Entscheidung zu treffen.
So sehe ich eine Eiche als Protz auf einem Spielplatz wesentlich lieber als eine schlank und hochgewachsene Sandbirke oder gar eine giftige Eibe oder Robinie.
Die Planung, einen Baum zu pflanzen, wenn sie denn richtig umgesetzt werden soll, beinhaltet also sehr viele Parameter. Werden jedoch alle Kriterien in die Planung einbezogen, erhält man Grün, über das man sich lange und kostengünstig erfreuen kann. Die Arbeit im Vorfeld spart also Ärger UND Geld!

DAS RICHTIGE PFLANZGUT WILL GEFUNDEN WERDEN

Haben wir unsere Arbeit in der Planung erfolgreich abgeschlossen, ist uns der künftige Standort bekannt.
Wir haben die benötigten Kriterien für den Baum festgelegt, also die Funktion, wir kennen die Geologie sowie die weiteren Einflüsse.

Dann können wir uns an die Auswahl der Pflanzen begeben.
Und auch hier gilt: Richtige Vorbereitung erspart bereits mittelfristig Ärger und Geld.

WELCHE GRÖSSE SOLL UNSER BAUM AM TAG DER PFLANZUNG BEREITS AUSWEISEN?

Zur Beantwortung dieser Frage müssen wir uns weitere Fragen stellen.

- Welches Budget habe ich zur Verfügung
- Wie schnell soll die vorher definierte Funktion erfüllt sein
- Welche personellen Ressourcen stehen mir zur Pflanzung und Pflege in der Anwuchsphase zur Verfügung
- Welche Möglichkeiten der Pflanzung ergeben sich (schweres Gerät oder nur eine Schaufel)
- Muss ich standortverbessernde Maßnahmen einplanen
- Wie zugänglich ist der geplante Standort, also welchen Transportweg habe ich zu bewältigen
- Sind eventuell weitere Arbeiten im Umfeld nötig
- Besteht am Standort die Gefahr von Vandalismus
- Ist Wasser vor Ort verfügbar
- Kann ich in das vorhandene Substrat pflanzen oder ergibt sich bei einem größeren Baum eventuell ein Substrataustausch
- Soll der Baum in einem bestehenden Bestand eher unterständig wachsen, oder soll der Baum frei stehen
- Wie hoch ist die zu erwartende Windlast
- Muss ich eventuell gesetzlich geregelte Grenzabstände einhalten (hier auf die Definition der Baumhöhen achten!)
- Und schließlich: ist meine Baumart für den gewünschten Zeitraum lieferbar

DIE GRÖSSE DES BAUMS

Wir unterscheiden prinzipiell in folgende Größen:

Kleinbaum (Baum dritter Ordnung)

02–10 Meter

Mittelgroßer Baum (Baum zweiter Ordnung)

10–20 Meter

Großbaum (Baum erster Ordnung)

ab 20 Meter

Diese benannten Größen sind wichtig, um die gesetzlichen Grenzabstände einzuhalten. Hier rate ich zu einem Blick in das jeweilige Nachbarschaftsrecht. Dort sind die Bäume zu den Grenzabständen definiert.

Unser Pflanzgut, also den Baum, können wir in verschiedenen Größen ordern.

Beginnend beim Steckling, der seine Daseinsberechtigung eher in der Forstwirtschaft findet, über den Loden (0,5–1m), zum Viertelheister (1,25m–1,5m) zum Halbheister (1,5–2m) zum Vollheister (2,0–2,5m) bis zum Starkheister (größer als 2,5m).

Natürlich besteht auch die Möglichkeit, einen Großbaum zu pflanzen, jedoch macht dies aus wirtschaftlichen Gründen in den meisten Fällen keinen Sinn.

Wir haben jetzt also die geplante „Endgröße" definiert, sowie die Größe des Baums, den wir erwerben und pflanzen wollen.

DIE RICHTIGE BAUMSCHULE

Der nächste Schritt ist die Suche nach einer guten Baumschule und hier ist guter Rat teuer.
Natürlich soll der Fokus immer auf einer regionalen Baumschule liegen, was je nach Pflanzenwunsch jedoch teilweise schwierig werden kann.
Ich rate immer dazu, sich das Pflanzgut im Vorfeld bei der Baumschule nach Möglichkeit anzusehen. Hier erkennt man sofort, ob die Pflanzen der gewünschten Qualität entsprechen, oder ob man eventuelle Defizite in der vorangegangenen Pflege erkennen kann.
Sollte ein Jungbaum bereits Rindenschäden aufzeigen (Mähschäden durch Freistellung), oder unsaubere Astungswunden durch nicht fachgerechte Schnittführung bei Pflege oder Erziehungsschnitten, eine erkennbare Zwieselbildung oder sonstige Verletzungen, dann Finger weg!
Tadelloses Pflanzgut ist der Garant für einen gesunden und vitalen Baum am eigenen Standort.
Die optimale Pflanzengröße stellt in der Regel der Halbheister.
Hier haben wir einen erkennbaren Baum, der meist mit vertretbarem Aufwand zu etablieren ist und von Beginn an den Standort prägen kann.
Ebenso stellt sich die Frage, wie die Pflanze gezogen wurde.
Ich rate explizit von Ballenpflanzen ab. Hier wurden durch verschiedene Untersuchungen Missbildungen im Bereich der Wurzeln erkannt.

Dies wurde auch in einer Ausgabe der TASPO (Fachzeitschrift im GALABAU) bereits thematisiert. Auch ich habe in meinem beruflichen Alltag sehr oft festgestellt, dass gerade bei Ballenpflanzen die Tendenz zur Bildung von Adventivwurzeln stark erhöht ist, was wiederum einen erhöhten Kontrollaufwand sowie die eventuelle verfrühte Entnahme des Baumes bedeuten kann.
Durch den Ballen werden die Wurzeln in der Erde in eine vorgegebene Form gepresst und wachsen dementsprechend auch rund, zum Stamm hin. Ballenpflanzen sind in der Regel zwar günstiger im Einkauf, werden unter Umständen jedoch schnell zur Kostenfalle. Wenn möglich sollte man den Baum aus dem Freiland (Baumschule) entnehmen und erst dann die Wurzeln „einballen".
Dies dient dann allerdings nur zum Transport sowie der Vermeidung des Austrocknens der Wurzeln. Sollte dies beim Erwerb nicht möglich sein, rate ich dazu, lieber einen kleineren Baum zu erwerben und auf den „Ballenbaum" zu verzichten!
Die Containerpflanzen zeigen dieses Problem leider ebenfalls auf, aber durch ein geringeres Alter gibt es hier noch kein ausgeprägtes Wurzelwachstum und die gestellte Problematik ist eher unwichtig. Egal welchen Baum sie letztendlich wählen: Auf jeden Fall sind die Wurzeln VOR der Pflanzung fachgerecht zu beschneiden. Oftmals wird lediglich das Fließ entfernt, also der Ballen freigelegt und der Baum genauso gesetzt, wie man ihn jetzt in Händen hält. Leider zu oft, werden die Bäume inklusive Netz in den Boden verbracht.
Nun, ein Auto fahre ich kalt auch nicht direkt im Vollgas, sondern fange langsam an. Die richtige Pflege VOR der Pflanzung ist elementar um einen gesunden Baum mit hoher Zukunftssicherheit am Standort zu etablieren.

DIE RICHTIGE PFLANZGRUBE

Wir haben also unseren Baum erhalten, die Wurzeln fachgerecht beschnitten, jetzt geht es an das eigentliche Pflanzen.
Hier wird sehr oft ein „Standardfehler“ gemacht.
Die Pflanzgrube ist nicht vorbereitet und oder zu klein.
Im Internet finden sich zahlreiche Tipps und Ratschläge zu diesem Thema, aber nur die wenigsten machen wirklich Sinn.
Ist der Baum bereits vor Ort, die Erdarbeiten sind aber noch nicht vollzogen, sollte man den Baum einschlagen, also den Wurzelbereich mit Substrat bedecken, um ein Austrocknen zu vermeiden.
Wie bereits beschrieben, sollte man auch bei der Pflanzgrube, respektive der Baumscheibe, immer im Auge behalten, welche Größe der Baum im Zuge seiner Funktionserfüllung erreichen soll. Dementsprechend lege ich auch die Pflanzgrube und die Baumscheibe an.
Baumscheibe ist bei mir: äußerste Astgrenze in der Senkrechten nach unten, plus 1,5m!
Allerdings, wie bereits gesagt, nicht nach der Krone des Jungbaumes, sondern im optimalen Fall nach der Krone, die unser Baum im Zuge seiner Funktionserfüllung erreichen soll.

Faustformel: Die eigentliche Pflanzgrube sollte mindestens doppelt so groß sein, wie der Wurzelballen, den wir am Baum vorfinden.

Ausreichend durchwurzelbares Substrat = gesunder und vitaler Baum!

Je größer, desto besser! Gelockertes, humusreiches Grundsubstrat sollte die Pflanzgrube füllen, um das Wurzelwachstum des Baumes anzuregen. Die Baumscheibe als solches sollte für den Baum gut durchwurzelbar sein. Bitte auch UNBEDINGT daran denken, nach Möglichkeit auf schweres Gerät zu verzichten! Das flächige Befahren mit Hublader, Bagger oder sonstigem Gerät verdichtet den Boden (den wir eventuell im Vorfeld mit Arbeit, Zeit und Geld gelockert haben) erneut.
Also wenn es umsetzbar ist, bitte auf Handarbeit setzen.
Muss das Areal befahren werden, sollte man Druckplatten auslegen, die eine Verdichtung des Bodens nahezu verhindern.

DIE PFLANZUNG

Leider zu oft sehe ich, dass Jungbäume zu tief oder nicht tief genug gepflanzt wurden.
Dabei ist es ganz einfach: Bäume haben eine Tag-& Nachtzone.
Also am Stammfuß der Übergang der beiden Teilstücke, die in bzw. über das Erdreich reichen.
Die Nachtzone gehört natürlich dorthin wo es dunkel ist, also in den Boden.
Der restliche Baum, sollte nicht mit Substrat angeschüttet oder gar eingepflanzt werden.
Sitzt der Baum nicht tief genug, besteht die Gefahr, dass er sich hebt und mittelfristig erkennbare Wurzeln offenliegen.
Dies erhöht die Gefahr von Mähschäden und somit den Eintrag von Pilzsporen und/oder Bakterien.
Sitzt der Baum zu tief, besteht die Gefahr, dass die Rinde fault und der Baum bereits mittelfristig stark geschädigt wird.

DER GIESSRAND

Ich selbst bin noch ein großer Freund des Gießrandes. Oft wird hierauf verzichtet. Aber aus welchem Grund? Einen Gießrand anzulegen, dauert nur wenige Minuten, bringt dem Baum jedoch große Vorteile in der Bewässerung. Gerade wenn ein Areal leicht abschüssig ist oder bereits benachbarte Pflanzen etabliert sind, ist es sinnvoll, dem Jungbaum alle Möglichkeiten zu bieten, um ausreichend an Wasser zu kommen.

Denn entgegen der Behauptung von Peter Wohlleben helfen sich unsere Bäume NICHT gegenseitig mit Wasser oder Nähstoffen aus.
Jeder Baum kämpft nur für sich, kämpft um sein Überleben.

DIE BODEN-LOCKERUNG

Sollten bereits Bäume oder Begleitpflanzen etabliert sein, fällt eine grobe Bearbeitung des Bodens aus, da wir hier die Wurzelsysteme der vorhandenen Pflanzen beschädigen würden.
Es gibt allerdings sehr gute Alternativen, um einem Boden Gutes zu tun. Mit gemischten Gefühlen sehe ich das Einbringen von Sauerstoff mittels Druckluftlanze. Hier wird der Boden zwar gelockert, aber es werden auch viele Feinst- & Feinwurzeln beschädigt. In den seltensten Fällen wird vor einer solchen Maßnahme eine Standortanalyse umgesetzt. Man weiß also gar nicht, ob der vorhandene Boden überhaupt in der Lage ist, den Sauerstoff oder die Nährstoffe zu binden.
Sinnvoller sind hier diverse Komposite (zum Beispiel von der Firma CLIMATEWAYS). Diese Gele oder kornförmigen Substrate kann man gezielt in den Boden einbringen. Sie speichern Wasser und Luft, man kann sie mit verschiedenen Nährstoffen versetzen und das alles OHNE den Wurzelraum zu schädigen.
Eine Standortverbesserung ist also nur dann sinnvoll, wenn ich den Standort auch kenne!

DIE BAUM-ANBINDUNG

Die Pflanzgrube ist angelegt, unser Baum sitzt, worauf gilt es zu achten? Unser Jungbaum ist in den ersten drei Jahren besonders anfällig gegenüber Windereignissen. Damit der Baum ein gutes und statisch wirksames Wurzelsystem ausbilden kann, benötigen wir eine Baumanbindung.
Diese dient allerdings nicht nur der Wurzelbildung, sondern animiert den Baum auch, das sogenannte Reaktionsholz zu bilden. Durch den Anbau von Druck-& Zugholz, reagiert der Baum auf den vorherrschenden Wind an seinem Standort.

Fehlende Pflege, vergessener Baumschutz. Die Kosten der Pflanzung hätte man sich ersparen können.

Hier wird aus meiner Sicht häufig ein Fehler in der Baumanbindung gemacht.
Die Baumanbindung bei den „dreier Holzböcken" wird oft zu hoch angelegt. Ich selbst vertrete die Auffassung, dass die Anbindung im unteren Drittel vollzogen werden sollt, denn nur so bildet der Baum aktiv sein Reaktionsholz. Zu weit oben angebunden, entziehe ich dem Baum nahezu in Gänze seine natürliche Schwingungsneigung und die Bildung von Reaktionsholz bleibt aus.
Entnimmt man dann die Anbindung, besteht eine erhöhte Gefahr, dass der Baum beim nächsten Windereignis versagt!

DIE BEWÄSSERUNG

Ebenso wichtig wie die richtige Anbindung ist die richtige Bewässerung am Baum.

In den letzten Jahren fanden Wassersäcke ihre Daseinsberechtigung. Prinzipiell eine feine Sache. Einmal gefüllt, geben die Säcke per Tröpfchenbewässerung über einen längeren Zeitraum Wasser am Baum ab. Aber auch hier kann man Fehler machen!
In 90 % der gepflanzten Bäume wird dieser Sack direkt am Stamm fixiert. Dies bringt leider mehrere Nachteile mit sich.
Auf dem nachfolgenden Bild ist die aus meiner Sicht, richtige Lösung erkennbar. Baumanbindung im unteren Drittel, und die Wassersäcke außen am Baum.
Aus welchem Grund nicht direkt am Stamm?
Um diese Frage zu beantworten, schauen wir uns doch mal an, wie ein Baum, beziehungsweise seine Wurzeln, sich im Wachstum verhalten.
Der Baum, erst einmal am Standort angekommen, beginnt (in der Regel erst im Folgejahr, im Pflanzjahr „verhocken" die meisten Bäume) der Baum damit, sogenannte Suchwurzeln auszutreiben. Diese Wurzeln haben genau einen Job: Suche und finde Wasser/Nährstoffe.
Wird diese Wurzel fündig, setzt erst das Dickenwachstum ein und es bildet sich langsam eine statisch relevante Wurzel. Der Baum expandiert.
Der Baum sucht also aktiv nach Wasser und Nährstoffen.
Binden wir den Wassersack nun direkt an den Stamm, verlaufen auch die meisten Suchwurzeln eben zum Stamm hin, also genau in die entgegengesetzte Richtung, die wir eigentlich anstreben wollen.
Ich habe mehrere hundert Bäume hierzu teils an oder ganz ausgegraben und konnte genau dies beobachten.
Ein weiterer negativer Aspekt ist die Tatsache, dass diese Wassersäcke sich gerade im Sommer in der Sonne stark aufheizen. An der Rückseite, also der stammzugewandten Seite, entstehen teils hohe Temperaturen, welche im schlimmsten Fall zum „Verkochen" vom Kambium führen kann.
Es bilden sich gegebenenfalls Rindennekrosen, welche die bekannte Eintrittspforte für Pilze und/oder Bakterien darstellen können.
Ebenfalls im oberen Bild erkennbar ist aus meiner Sicht die optimale Nutzung der Wassersäcke.

Außen angebrachte Wassersäcke fördern das natürliche Wurzelwachstum. Die Anbindung im unteren Bereich sorgt für den Zuwachs von Reaktionsholz. (Bild Christine Andres)

Durch das Anbringen im äußeren Bereich der Baumscheibe, animiere ich das Wurzelwachstum und vermeide die Gefahr der Hitzestauung am Stamm selbst. Der Baum hat also Wasser zur Verfügung, wir haben aber keine negativen Auswirkungen zu befürchten.

Wie sie schnell erkennen, kann man, obwohl man es gut meint, sehr schnell Fehler machen, die bereits mittelfristig auch monetäre Werte verbrauchen.
Von Beginn an richtig umgesetzt, sparen wir uns Geld und bringen Qualität ans Grün.

RICHTIGE ERZIEHUNG DER BÄUME AM STANDORT

Es ist vollbracht. Unser Baum ist gepflanzt. Was nun? Leider werden eben diese Bäume schnell vergessen und vegetieren vor sich hin. Ein wichtiger Schritt in der nachhaltigen Baumpflege ist die Erziehung des Baumes zu seiner vorbedachten Funktion. Hier beginnt bereits die Pflege des Baumes in Form und wenn nötig in der Höhe.

SCHNITTMASSNAHMEN

Sogenannte Erziehungsschnitte spielen eine wichtige Rolle, den Baum langfristig am Standort zu erhalten. In dieser Phase beginnen wir mit der Herstellung und Schaffung des Lichtraumprofils und wenn gewollt, einer Reduzierung in der Höhe und Breite. Die Schnitte sollten nur im Schwachastbereich erfolgen, da der Baum die hier entstehenden Wunden sehr gut abschotten und versorgen kann. Es treten also später keine ungewollten Nebenwirkungen ein. Hier gilt es auch, den richtigen Zeitpunkt zur jeweiligen Baumart zu wählen. Nicht jeder Baum wird zur gleichen Jahreszeit geschnitten.
Alle Schnittmaßnahmen über 10 cm im Durchmesser sind absolut zu vermeiden. Dies gelingt auch, wenn man zeitig mit der Erziehung beginnt. Je größer die entstehende Wunde, desto schlechter kann der Baum diese versorgen. Der Ast oder Stamm fault ein! In der folgenden Grafik versuche ich Ihnen bildlich zu zeigen, wie fatal die falsche Schnittführung sein kann. Was wir also in der Jugendphase erledigen, spart uns später Arbeit, Kontrolle und Geld!

BAUMSTÜTZEN UND RANDUMFASSUNGEN: GEPFLANZT, BEZAHLT, VERGESSEN

Auch die Baumanbindungen sind regelmäßig auf ihren Zustand dazu prüfen. Wie auf den Bildern erkennbar, kann eine defekte Baumstützen schnell den ganzen Baum in Mitleidenschaft ziehen.
Das Gewicht der Stützen kann dafür Sorge tragen, dass der Baum in Gänze versagt und bricht. Aber auch das Reiben am Stamm schafft teils große Wunden an dem etablierten Baum. Dadurch entstehen … richtig: Eintrittspforten für Pilze und/oder Bakterien. Ebenso stellen einwachsende Seile, die zur Anbindung genutzt wurden, ein großes Problem dar. Durch das Einwachsen entstehen im schlimmsten Fall Sollbruchstellen. Hier wird der Baum mittelfristig versagen. Elementar ist es also, gerade in der Anwuchsphase, dem Baum eine hohe Pflege zukommen zu lassen. Hierzu zählt natürlich auch das regelmäßige Bewässern. Die unten gezeigten Bilder bilden eine Straßenbegleitpflanzung in einem neu angelegten Industriepark. In dieser neu angelegten Baumreihe fand ich einen Totalausfall von knapp 60 %!
Manchmal wirken Zahlen mehr als Bilder, also stellen wir eine kleine Rechnung an.

Eine ehemalige Beeteinfassung am damaligen Jungbaum. Hier wurde der Rückbau vergessen und die Platane, mittlerweile stattliche 18m hoch, musst sich den Weg mühsam „sprengen“. Das kann nicht unser Anspruch sein.

Nehmen wir an, hier wurden damals 100 Bäume gepflanzt.
Rechnen wir, nur der Zahlen wegen, mit Pflanzkosten von 1000,-€ je Baum.
Wir haben also ein Invest von 100.000,-€ an Pflanzgut nebst Pflanzarbeiten.
60 Bäume sind mangels Pflege abgestorben oder so stark beschädigt, dass wir diese austauschen müssen.
Wir haben also einen monetären Schaden von 60.000,-€ geschaffen, zuzüglich der jetzt noch umzusetzenden Neupflanzungen. Diese schlagen erneut mit 60.000,-€ zu Buche.
Es entstand, durch die versäumte Pflege der Jungbäume, also ein monetärer Schaden von 120.000,-€!
Ist das unser Anspruch?
Ich beziffere die Pflege der Baumreihe in der Vergangenheit mit 20.000,-€.
Wir haben also rein rechnerisch ein Defizit von 10.000,-€ geschaffen.

Merke: Pflege und Instandhaltung kosten nur einen Bruchteil der Beträge, die bei einem Ausfall/Austausch entstehen.

Die oben aufgeführten Zahlen sind sicher nicht realistisch und wurden lediglich zur Veranschaulichung gewählt. Tatsächlich liegt der monetäre Verlust hier wohl wesentlich höher.
Es sollte also bereits aus rein rechnerischen Gründen unser Streben sein, neu gepflanzte Bäume langfristig an ihrem Standort zu erhalten.
Der entstandene ökologische Schaden ist monetär nicht zu beziffern.

Hier kommt jede Hilfe zu spät. Der erste Baum ist bereits gebrochen, der Hintere wird bald folgen.

DAS RICHTIGE, LANGFRISTIGE PFLEGEKONZEPT

Eine Aufgabe für Generationen!
Nur die richtige und vor allem nachhaltige und langfristige Pflege als ganzheitliches Konzept, bringt den gewünschten Erfolg am Baum und spart so Zeit, Personal und dadurch auch monetäre Werte.
Es lohnt sich also der Blick über den Tellerrand.

NUR DER SCHNITT, DER NICHT UMGESETZT WIRD, IST EIN GUTER SCHNITT!

Bis jetzt haben wir (angenommen) alles richtig gemacht. Unser Baum ist angewachsen und bildet einen gesunden Zuwachs. Aber auch jetzt, benötigt unser Grün unsere Aufmerksamkeit.
Je nach Standort kann es nötig sein, den Boden regelmäßig zu durchlüften oder mit Mineralien zu versorgen.
Wenn beispielsweise Fußwege über gewachsenen Boden am Baum vorbeiführen, wird der Boden durch die permanente Nutzung verdichtet. Niederschlag läuft ab, anstatt zu versickern, Sauerstoff im Boden kann nicht mehr gebunden werden.
Wir sollten uns also in regelmäßigen Abständen das Bodengefüge in der Baumscheibe anschauen und gegebenenfalls optimieren.
Auch die Bewässerung sollte IMMER gesichert sein.
Natürlich kommen jetzt auch die ersten Kontrollen im Zuge der Verkehrssicherung dazu. Aber auch weitere Erziehungsschnitte werden eventuell anfallen. In der Regel beziehen sich diese auf das Lichtraumprofil (LRP). Hier gilt bei Gehwegen 2,5 m in der Höhe, bei Straßen 4,5 m in der Höhe. Ebenso sollte man Stromleitungen und Lampen freistellen.
Macht man dies regelmäßig, ist man immer nur im Feinst- und oder Feinastbereich unterwegs, was der Baum, wie wir bereits gelernt haben, sehr gut kompensieren kann, da die Schnittmaßnahmen weit unter den benannten 10 cm liegen.

Merke: Nur der Schnitt, der nicht umgesetzt wird, ist ein guter Schnitt! Also so wenig wie möglich und nur so viel wie unbedingt nötig.

Auch Formschnitte, also ein Zurückschneiden auf eine gewünschte Form, zum Beispiel Dachplatanen, Kugelahorn etc. sollten bereits in der Jugendphase umgesetzt werden.
Ein zu spätes Eingreifen erschafft uns einen künstlichen Pflegefall.
Wer also im Grob,- oder Starkastbereich schneiden muss, hat in der Jugend die Pflege verpasst!

Dies gilt natürlich nicht bei Eingriffen, die der Verkehrssicherung dienen. Ein angebrochener Starkast muss entnommen werden, da hat man keine andere Wahl. Aber auch hier bitte auf die richtige Schnittführung achten.

Ich benenne bei solchen Maßnahmen gerne das Belassen eines „Schutzstückes".
Das bedeutet, dass ich den gebrochenen Ast soweit wie möglich vom Stamm entfernt abschneiden lasse, sodass ein Reststück besteht, welches dann langsam zum Baum hin einfaulen kann. Schneidet man direkt am Stamm, hat man die Wunde und somit auch das Einfaulen ebenfalls unmittelbar am Stamm.

Folgende Eckdaten sollten in Ihre langfristige Planung einfließen:
- Aufwand an Kontrolle
- Sicherstellung einer ausreichenden Bewässerung
- Form- & Pflegeschnitte (nach Möglichkeit nur in der Jugend-/ Reifephase und nur im Feinst- & Feinastbereich)
- Maßnahmen die der Standortverbesserung dienen
- Natürliche Umtriebszeit der jeweiligen Baumart
- Kosten zur Beseitigung von baumtypischen Emissionen
- Grenzabstände zur jeweiligen Baumart (Wuchshöhe)
- Gewünschte Funktionserfüllung
- Langfristiger ökologischer Wert (über die natürliche Umtriebszeit hinweg)
- Pflegekosten im Baumumfeld (Begleitvegetation)

Wenn es uns also gelingt, die oben aufgeführten Parameter in die langfristige Baumplanung einzubeziehen, erhalten wir mehr Qualität am Grün und sparen monetäre Werte, also Geld!
Was sich zu Beginn als sehr viel liest oder anhört, entpuppt sich bereits mittelfristig als Vorteil. Die eingesparte Arbeitsleistung von Mitarbeitern oder Fremdfirmen, nebst den eingesparten Geldern, können so für andere Projekte genutzt werden.
Durch das richtige Tun mit weniger Aufwand, erhält man langfristig das gewünschte Ziel.
Hält man sich hingegen nicht an die Planung, potenzieren sich die Kosten im Laufe der Zeit.
Wie in vielen Bereichen, ist also auch beim Thema Baum die Planung schlicht das Fundament für den Erfolg.

ALTE BÄUME AM STANDORT ERHALTEN

Ein sehr großes Thema in meinem beruflichen Alltag ist der Erhalt von Altbäumen im urbanen Raum, also Bäume, die sich laut Definition in der Alterungsphase befinden.

In diesem Bereich einen Baum zu finden, der nicht durch unsachgemäße Baumpflege vorgeschritten ist, gleicht dem 6er im Lotto.

WARUM ALTBÄUME ERHALTEN?

Ausschreibungen und Auftragsvergaben im kommunalen und städtischen Bereich erfolgen leider nach Vorgabe immer über den Preis.
Wie soll man dann eine hohe gebotene Qualität erwarten können?
Mit meinem eigenen Pkw suche ich mir auch nicht die billigste Werkstatt, sondern die Werkstatt, von der ich weiß, dass sie über nötige Qualifikationen verfügt. Gerne ist man doch hier bereit, auch etwas mehr zu bezahlen, wenn denn der Service und die Arbeit zufriedenstellend erledigt werden.
Wenn ich mit meiner Frau ausgehe, suche ich mir auch nicht den billigsten Italiener um die Ecke, sondern gehe dahin, wo ich die Qualität zu schätzen weiß. Und auch hier zahle ich doch gerne etwas mehr, wenn ich die Gewissheit haben kann, dass alles passt.
Wir achten im Alltag also auf Qualität!
Nur bei der Auftragsvergabe öffentlicher Träger wird hier anders gedacht. So sinkt von Beginn an die Erwartungshaltung. Leider hatte das Thema Baum noch keine ausreichende Lobby und den meisten Sachbearbeitern ist es scheinbar egal, wie die Bäume gepflegt werden.
Nimmt man wirklich an, dass der billigste Anbieter die gleiche Qualität bieten kann, wie der teuerste?
Natürlich ist der Preis allein kein Garant für Qualität, aber der Preis gestaltet sich doch auch durch vorhandene Qualifikationen. Derjenige, der eine Ausbildung im geforderten Bereich nachweisen kann, der regelmäßig an Weiterbildungen teilnimmt,

der eventuell zertifiziert ist, darf und muss einen anderen Preis kalkulieren, als derjenige, der morgens eine Firma ins Leben ruft und das schnelle Geld verdienen will.
Leider wird durch das Vergaberecht in diesem Fall eine Qualifikation bestraft, gebotene Qualität und Ausbildung mit Füßen getreten. Auch hier müsste dringend ein Umdenken stattfinden.
Aber zurück zum Thema Baum.
Auch durch die benannten Kriterien sehe ich sehr oft falsch beschnittene und „gepflegte" Bäume.
Dabei ist es enorm wichtig, gerade Altbäume mit allen vertretbaren Mitteln am Standort zu erhalten.
Überlegen wir einmal rein rechnerisch, wie viel Geld Ihre Gemeinde oder Ihre Stadt bis jetzt in einen solchen Altbaum investiert hat.
Wenn man den Baum einfach entnähme, dann wäre das gesamte bisher geleistete Invest auf einen Schlag weg und vor allem nahezu umsonst gewesen. Denn gerade im Alter werden unsere Bäume erst so richtig wichtig und wertvoll!
Monetär sind solche Bäume anhand von Tabellen zu beziffern, aber der ökologische Wert geht ins Unendliche. Tausende von Tieren, eine große Vielzahl an Tierarten, leben und überleben eben nur in diesen Altbäumen.
Da die „Alten" immer weniger werden, sollte es eine Selbstverständlichkeit darstellen, hier ein Umdenken zu etablieren.
Wir müssen damit aufhören, alles in einen definierten Geldbetrag umrechnen zu wollen und die wahren Werte wieder erkennen.
Wie wir solche Unikate lange erhalten können versuche ich in den kommenden Zeilen zu verdeutlichen.
Ich werde Sie hoffentlich von der Wichtigkeit, aber vor allem von der einfachen Umsetzung überzeugen können.
Der wichtigste Aspekt zum Erhalt von Altbäumen, ist natürlich eine hoch qualifizierte Arbeit am Baum selbst.
Dies beginnt bereits bei der Baumkontrolle.
Unerfahrene Baumkontrolleure werden lieber eine Fällung empfehlen als einen Altbaum zu erhalten.
Dies ist der Unsicherheit durch fehlende Erfahrung und Ausbildung anzulasten.
Übernimmt der Kontrolleur doch auch die Haftung für seine Aussage. Im Schadensfall kann es eng werden.

Ergo: der Baum kommt weg, denn nach Feierabend will man nicht mehr an Bäume denken.
Der Baumkontrolleur sollte also nach Möglichkeit ein „Alter Hase“ sein.
Je höher die gebotene Qualifikation, desto länger werden die Bäume erfahrungsgemäß am Standort erhalten.
So wurde ich einmal zu einer Rotbuche gerufen, um eine eingehende Untersuchung umzusetzen. Begründung: Massive Stammfußverdickung mit vermuteter Kernfäule.
Als ich an dem Baum ankam, wusste dich nicht, ob ich lachen oder weinen sollte, denn die massive Stammfußverdickung stellte sich als baumarttypischer Wurzelanlauf heraus. Es bestand also keinerlei Handlungsbedarf!
Und dies war leider kein Einzelfall.
Ich selbst habe in der Regel einen Maßnahmenkatalog von ca. 3–4 % des Baumbestandes.
Vergleichen Sie diese Zahl bitte mit Ihrem Kataster und suchen Sie die Begründung zu der wahrscheinlich vorliegenden Differenz!
Einen Altbaum am Standort zu erhalten, kann eine sehr anspruchsvolle Aufgabe darstellen.
Beginnend bei der richtigen Kontrolle, über die richtige Pflege, den eventuellen Verbau von Kronensicherungen und Stützen oder die Kommunikation zur Bevölkerung stellen oftmals eine große Herausforderung dar.
Viele Menschen wundern sich auch in der heutigen Zeit, aus welchem Grund eine Kommune oder Stadt öffentliche Gelder in einen scheinbar abgestorbenen Baum investiert.
Sinn und die Wichtigkeit dieser Arbeiten müssen in die Bevölkerung getragen werden und klar kommuniziert sein.
Zum einen vermeidet man unnötigen Schriftwechsel mit Bürgern, zum anderen wird man sich gar eine positive Lobby schaffen.
Der Naturschutzgedanke wird momentan gelebt wie schon lange nicht mehr.
Eine Gemeinde oder Stadt, die sich den Erhalt solcher Bäume auf die Fahne schreibt, schafft sich sicher ein sehr positives Öffentlichkeitsbild.
Gerade streng geschützte Tierarten, sind auf eben diese Baumhabitate angewiesen.
In früheren Zeiten, gab es in unseren Dörfern und auch Städten eine Vielzahl an Häusern, bei denen der Dachboden durch offene Luken oder sonstige Einlässe für viele Tiere nutzbar waren. Diese Gebäude sind

Solche solitären Eichen sind leider sehr selten geworden und doch als Lebensraum unverzichtbar. Monetär ist der ökologische Wert aus meiner Sicht nicht zu bemessen! Auch wenn dies viele versuchen.

weitgehend verschwunden. Sogar Kirchtürme werden in der heutigen Zeit „hermetisch“ abgeriegelt.
Umso wichtiger ist es, diesen Tierarten wieder einen geeigneten Lebensraum zu bieten.
Doch die Überführung eines Altbaumes zum Habitatbaum will gekonnt sein. Oftmals ist dies ein schleichender, sehr langsamer Prozess.
Durch Schnittmaßnahmen im Starkastbereich, oder durch Wind-& Schneebruch, entstehen die ersten Höhlungen am Baum.
Die Besiedelung durch holzzersetzende Pilze ruft den Specht auf den Plan, der wiederum neue Lebensräume schafft.
Ist erst seine eigene Höhlung bearbeitet, wird eben diese zum späteren Zeitpunkt ein Lebensraum ganz anderer Tierarten.
Fledermaus, Gartenschläfer, Siebenschläfer, Eulen, der Kauz, viele Vogelarten und eine endlose Anzahl an Insekten erfreuen sich über Höhlungen, Spalten und Nischen in und an dem Baum.
Dieser Prozess zieht sich über Jahre oder gar Jahrzehnte und das ist sehr wichtig. Denn in jeder Phase oder besser gesagt, in jedem Stadium des Verfalls, bietet der Baum unterschiedlichen Tierarten einen Unterschlupf.

DER WEG ZUM HABITATBAUM

Wie überführen wir einen Altbaum, der in seiner Vitalität merklich zurücksetzt, nun zu einem Habitatbaum?
Eine generelle Vorgehensweise gibt es hier leider nicht, da jeder Baum für sich im zeitlichen Intervall einen individuellen Verfall erlebt.

Es kommt hier auch sehr auf die Baumart an. Eine Stieleiche beispielsweise benötigt hier teilweise Jahrzehnte, während eine Pappel den gleichen Prozess in wenigen Jahren vollzieht.
Dennoch gibt es einige Spielregeln, die für alle Baumarten gelten sollen!

DER BAUM IM ALTER

Ausgangslage:
Wir haben einen Baum, der sichtlich in der Vitalität zurücksetzt, viel Totholz bildet, die ersten Höhlungen aufzeigt und seine eigentliche Funktionserfüllung nicht mehr oder nur noch in Teilen erfüllt.
Prinzipiell gilt: An nahezu jedem Standort kann ich einen Habitatbaum erziehen und erhalten!
Also auch auf einem Spielplatz oder einer Schule, im Park oder an einer Straße. Einzig der Aufwand wird sich erhöhen, aber machbar ist prinzipiell alles.
Nun wird zu oft bei der Überführung zum Habitatbaum erst einmal viel und rabiat geschnitten.
Allerdings sollte genau das Gegenteil praktiziert werden.
Bei solchen Bäumen geht es nicht um eine Pflege, sondern um den reinen Erhalt der Baumstruktur.
Wir schneiden also nur noch, wenn es die Verkehrssicherung (VSP) einfordert. Wir belassen also alles Totholz im und am Baum, auch angebrochene Äste können und sollen verbleiben.
Steht unser Habitatbaum jedoch zum Beispiel an einem Spielplatz oder an sonstig exponierter Lage, müssen wir natürlich das Totholz oder Astanbrüche entfernen. Wie gesagt: wir begrenzen unsere Arbeiten in den Rahmen der Verkehrssicherungspflicht (VSP).

Kurz: wir überlassen den Baum sich selbst!
Es ist sehr spannend mit anzusehen, wie sich der Lebensraum Baum nun im Laufe der Zeit verändert.
Was ich gerne einsetze, ist eine Webcam. Hier kann man der Bevölkerung mit geringem Aufwand den Lebensraum Baum näherbringen: Es gibt doch eigentlich immer etwas zu entdecken. Und schauen Sie mal mit einer Wärmebildkamera in einen solchen Baum. Sie werden staunen.
Wie ich bereits gesagt habe: NUTZEN Sie das Thema um Ihr Image in der Bevölkerung zu heben. Das haben sie mit dieser Maßnahme verdient!
Gerne biete ich auch auf Anfrage Arbeitsblätter und Infomaterial für Grundschulen.

w.lehnen@sab-saar.com

Behörden können ihren „Grünen Weg" also auch in der frühkindlichen Erziehung einsetzen und den Sinn der Maßnahmen so potenzieren.
Umweltbildung sollte in der heutigen Zeit ein eigenes Fach darstellen, denn die Kleinen von Heute tragen in ihren Händen die Verantwortung für Morgen!

Die ersten Jahre werden wir mit unserem Baum nahezu keinen Arbeitsaufwand haben. Natürlich wird eine regelmäßige Baumkontrolle durchgeführt, aber die Pflege bezieht sich ja nur noch auf die VSP.
Wenn es der Standort zulässt, belassen Sie auch das Laub auf dem Boden, denn auch unsere Baumscheibe gehört zum Habitat. Dies gilt eigentlich immer!
Laub kühlt den Boden, schützt vor Austrocknung und Erosion, bietet Lebensraum und natürlichen Dünger.
Und: Liegen lassen spart Arbeit und somit Geld!
Sollten wir dennoch im Zuge der VSP einmal Totholz entnehmen müssen, bilden wir am Boden aus eben diesen Ästen einen gestapelten Haufen. Auch das bietet erneuten Lebensraum. Wir schaffen also mit kleinsten Maßnahmen neue Biotope und eventuell stellen wir sogar eine Biotopvernetzung für die ein oder andere Tierart her.
Wenn ich hier von der Überführung des Baumes rede, soll dies lediglich den Weg beschreiben, den wir mit dem Baum gehen müssen. Es kann weder eine genaue Zeitspanne noch ein genauer Arbeitsaufwand definiert werden.

Hier gut erkennbar, die eigentliche Baumscheibe (hellgrüner Bereich)

Gut Ding will eben Weile haben oder wie wir im Saarland zu sagen pflegen: „Großes entsteht immer im Kleinen!"
Sicher ist aber, je länger wir diesen Baum an seinem Standort erhalten (wollen), desto höher wird irgendwann der Aufwand in Pflege und Kontrolle.
Wir werden den Baum immer wieder in der Krone einkürzen müssen, um ein Ausbrechen zu verhindern, wir müssen eventuell Starkäste abstützen oder per Kronensicherung einbinden.
Und schließlich werden wir den Baum irgendwann auf einen Torso setzen.
Auch wenn die Krone in Gänze nicht erhalten werden kann, kann man den Stamm unter Umständen noch über viele Jahre als Habitat erhalten.
Die Entscheidung, einen Baum bis zum Torso zu erhalten, sollte – auch wenn dies eigentlich immer möglich ist – dennoch gut durchdacht und geplant sein.
Es kann je nach Standort dazu führen, dass ich einen Teil Fläche aus der eigentlichen Nutzung ausschließen muss.
Als Beispiel nehmen wir einen Altbaum auf einem Schulhof oder Spielplatz.
Die eigentliche Nutzung des Areals ist als Spielfeld gedacht, als Raum zur Erholung und zum Spielen.
Ein reiner Habitatbaum kann hier natürlich andere Gefahren bedeuten als ein gesunder Baum.
Es wird also der Tag kommen, an dem wir das Baumumfeld gegen Zutritt sperren müssen, um eventuelle Gefahren für die Besucher des Geländes ausschließen zu können.
Dieser Gedanke MUSS unbedingt in die Planung fließen, denn ist unser Baum erst einmal ein Habitatbaum, also durch viele Tierarten besiedelt, wird der Weg diesen zu entnehmen nicht nur aus moralischen Gründen schwierig, auch Genehmigungen sind schwer umsetzbar.
Das Bundesnaturschutzgesetz (BNG) sowie die ergänzenden Naturschutzgesetze auf Landesebene sind hier unbedingt zu beachten. Bei Verstößen drohen hohe Strafen!
Auch die eigenen geltenden Baumschutzsatzungen sollte man nicht außer Acht lassen.
Ich vergleiche dieses Prozedere gerne mit der Anschaffung eines Hundes.
Bevor es hier letztendlich zum Kauf kommt, prüft man sehr viele Faktoren auf Umsetzbarkeit und wenn die Ent-

Gegen Zutritt abgesperrter Habitatbaum. Die Umsetzung zu vollziehen war nicht einfach und auch mit Kosten verbunden. Der ökologische Wert jedoch enorm! Die Außenwirkung ist ebenfalls eine positive, welche man sich zu Nutzen machen kann!

scheidung getroffen ist, bindet man sich über viele Jahre!
Das sollte beim Thema Habitatbaum jedem bewusst sein.

Auch hier ist blinder Aktionismus fehl am Platz. Wir entscheiden uns lieber im frühen Stadium gegen den Erhalt, als später, wenn der Baum besiedelt ist, unsere Entscheidung zu revidieren. Wie bereits mehrfach benannt, ist der ökologische Wert eines solchen Baumes monetär aus meiner Sicht nicht zu fassen.
Daher sollte die Entscheidung, einen solchen Baum zu entnehmen, ebenfalls wohl durchdacht sein. Hier sollte man es sich nicht zu leicht machen. Ich selbst betreue viele Habitatbäume, auch in der Kontrolle.
Es gibt sehr viele Möglichkeiten einen scheinbar gefährlichen Baum, auch in exponierter Lage, langfristig zu erhalten.

PFLEGE EINES HABITATBAUMS

Einen Altbaum zu einem reinen Habitatbaum zu überführen ist das Eine, diesen zu erhalten und zu pflegen ist jedoch der elementare Teil einer erfolgreichen und langfristigen natürlichen Nutzung.
Hier gilt: So wenig wie möglich, so viel wie unbedingt nötig!

Jeder Eingriff an oder in bestehende Habitatstrukturen sollte unbedingt vermieden werden und nur dann zum Zuge kommen, wenn es die Verkehrssicherheit betrifft. Für Viele ein neuer Bereich, der großes Fingerspitzengefühl benötigt.

DIE KRONE

Wir haben bereits festgelegt, dass nur noch zum Erhalt der VSP geschnitten wird.

Ganz so pauschal lasse ich diese Aussage nun doch nicht im Raum stehen: Manchmal kann es sinnvoll erscheinen, durch Einkürzen der Krone den gesamten Baum länger zu erhalten.

Zum Beispiel zur Minderung der Gewichts- oder Windlast.

Dies gilt vor allem bei ausladenden Ästen, welche eine hohe Schwingungsneigung zeigen oder bruchfreudig sind.

Aber diese Maßnahmen sollten die Ausnahme darstellen und wirklich nur dann umgesetzt werden, wenn dies dem Gesamterhalt des Baumes dient.

Ansonsten überlassen wir den Baum weitgehend sich selbst.

Aus meiner Sicht ebenso wichtig, wie der eigentliche Erhalt solcher Bäume, ist die Kartierung und Dokumentation der „Baumbewohner".

Dies ist nicht nur ein spannendes Themenfeld, sondern auch für die Forschung eine schöne Grundlage.

Gerade für solche Projekte finden sich immer motivierte angehende Biologen, die diese Begleitung und Dokumentation auch für ihr Studium nutzen können.

Man hat also im besten Fall eine Betreuung in der Thematik, schafft aber keinen zusätzlichen Kostenapparat.

Sie werden anfangs sicher staunen, wie viele verschiedene Tierarten „Ihren" Baum als neue Bleibe erobert haben.

Und eventuell ist dies der Initialzünder, weitere Bäume zum Habitat zu überführen anstatt diese zu Fällen.

Zu Beginn der „Überführung" können wir auch gerne zusätzliche Nisthilfen in der Krone anbringen.

Dies erleichtert diversen Tierarten den Baum anzunehmen. Bis natürliche und nutzbare Höhlungen entstehen, vergeht leider Zeit.

Ein gezieltes „Anlocken" ist also von Vorteil.

Diese Kirsche betreue ich seit 10 Jahren. Wo möglich mal den Mut haben, solche Bäume zu erhalten!

DIE KRONEN-SICHERUNG

Sollten Teile der Krone labil werden, oder vom Ausbruch bedroht sein, können wir hier, wie bei jedem anderen Baum, auch eine Kronensicherung verbauen. Ich wiederhole: dies sollte die Ausnahme sein und nur dem langfristigen Erhalt des Baumes dienen.
Der Begriff Habitatbaum umfasst doch auch die natürliche Zersetzung in all ihren Daseinsformen.
Sollten wir uns für eine Kronensicherung (KS) entscheiden, gilt es noch zu klären, welche KS wir verbauen. Soll es eine dynamische oder eher eine statische sein?
Eine dynamische KS lässt dem Baum die Möglichkeit, bedingt sein natürliches Schwingungsverhalten beizubehalten. Dies ist bei solchen Altbäumen nur selten nötig, da das Dickenwachstum nahezu abgeschlossen ist.
Oftmals werden statische KS verbaut. Also lediglich eine Sicherung, hier oft als Drahtspannseil, die das Ausbrechen der Äste verhindern soll.
Ich habe aber auch schon mit verzinkten Eisenstangen gearbeitet. Hierzu wurden in der Krone, wie bei einer KS verlaufend, Stangen verbaut, um den Baum zu stützen und zu tragen und auch einen Ausbruch zu verhindern.
Man sollte immer im Hinterkopf behalten, dass jede Maßnahme natürlich Geld kostet. Daher sollte der Einsatz wohl durchdacht und in Relation mit der Zielsetzung stehen.

DER STAMM

Bis vor einigen Jahren, wurde an Bäumen noch die so genannte Baumchirurgie umgesetzt.
Der Name war Programm. Es wurde geschnitten, gefräst, bandagiert, mit Wundpflaster gearbeitet, Höhlungen wurden mit Beton verfüllt oder gar zugemauert.
Oftmals wurde hierdurch die eigentliche Wunde stark vergrößert und der Baum reagierte noch schneller mit folgender Fäule.
Auch das Auskratzen oder Ausräumen von Mulm, also bereits zersetztem Holzsubstrat in Höhlungen war gängige Praxis.
Heute weiß man, dass diese Methoden nicht zielführend waren. Es wurden wichtige Lebensräume dadurch zerstört.
Auch heute sehe ich leider noch zu oft, dass in der Baumpflege Höhlungen „ausgeräumt“ werden, um eventuell eine Restwandstärke erkennen zu können.
Aber gerade der Mulm in solchen Höhlungen ist ein wichtiger Lebensraum für viele Klein- und Kleinstlebewesen.
Hier also klar: Hände weg! Immer im Hinterkopf behalten: Es kann sein, dass wir uns hier strafbar machen!
Das theoretische Wissen ist in den vergangenen Jahren weit fortgeschritten. Leider wird vieles in der Praxis nicht umgesetzt.
Höhlungen am Stamm sind wichtig und gerade bei einem Habitatbaum eher unbedenklich. Bedeutsam ist hier nur die statisch wirksame Restwandstärke, also dass von dem Baum keine

Auch ein verbliebener Baumtorso hat einen hohen Nutzen und dies über Jahre hinweg! Wo möglich, sollte man dies umsetzen!

Gefahr ausgeht, dieser nicht versagen kann.
Steht der Baum an einem Standort, der nicht genutzt und begangen wird, wo also keine Verkehrserwartung besteht, ist uns auch die VSP egal und wir überlassen den Baum in Gänze sich selbst!
Gerade an Stammköpfen haben wir oft das Problem, dass diese aufplatzen oder einreißen. Aber auch hier haben wir Möglichkeiten, solche Bruchstellen oder Risse zu stabilisieren.
Sehr gerne arbeite ich hier mit einer Verbolzung.
Also horizontal durch den Stamm getriebene Gewindestangen (aus Edelstahl, also nicht rostend), die dann beidseitig per Kontermutter wieder verschraubt werden.
Dieses System hat sich bewährt und hält über Jahre.
Hier hat man auch die Möglichkeit, durch die Kontermuttern bedingt nachzujustieren. Man kann gerissene Bäume also recht gut versorgen und eventuell gar eine Kallusbildung, also eine natürliche Wundversorgung fördern.

DIE WURZELN

Auch im Bereich der Wurzeln ist unsere Aufmerksamkeit gefordert!
Zum einen stellt der Wurzelbereich einen eigenen Lebensraum dar, zum anderen müssen wir hier auf die statische Wirksamkeit achten.
Sehr oft zu sehen ist, dass der Baum eine fortgeschrittene Fäule am Stammfuß oder im Wurzelbereich zeigt. Oft machen erkennbare Pilzfruchtkörper uns hierauf aufmerksam. Schaut man genauer hin, erkennt man die Ursache oft mit dem bloßen Auge: Freiliegende oder verletzte Wurzeln waren hier die Eintrittspforte.

Noch aus Zeiten praktizierter Baumchirurgie. Dieser Baum dient seit Jahrzehnten als Habitatstruktur und wird dies auch noch über viele Jahre weiterhin erfüllen.

Dies liegt leider auch an falscher Handhabung in der Grünflächenpflege.
Die betriebenen Rasenmäher sind so tief gestellt, dass auch die Wurzeln „angemäht“ werden. Tiefer Messerstand erspart oft einen oder zwei Mähvorgänge im Jahr.
Durch Erosion freiliegende Wurzeln sind hier ungewollte aber teils kalkulierte Opfer.
Es gibt eine Reihe von Pilzen, die die Wurzeln an den Unterseiten zersetzen. Dies ist im Zuge einer Regelbaumkontrolle nur schwer bis gar nicht erkennbar.
Es besteht also die Möglichkeit, dass der Halteapparat des Baumes versagt, obwohl der Baum vital am Standort steht.
Und auch hier gibt es Möglichkeiten, den „Baum“ dann doch am Standort zu erhalten.
Zum einen kann man den Baum rundum mit Stützen abfangen.
Es gibt also eigentlich immer eine bauliche und oder technische Möglichkeit, einen Altbaum über viele Jahre zu erhalten.
Wenn wir uns an diesen Ratgeber halten, sparen wir Gelder die wir wiederum in den Erhalt dieser Bäume investieren können.
Man kann den Baum auch in ein Korsett lagern und dieses mit Stützen abfangen.

Baumstütze aus der Ferne

Baumstütze aus der Nähe

Baumstütze von der Seite

FAZIT

Auf den letzten Seiten habe ich ein ganzes Baumleben abgebildet.
Natürlich gibt es zu diesem Thema viel mehr, was man vermitteln und erzählen möchte.
Dieser Ratgeber soll aber nicht erschlagen, sondern mit kleinen Anregungen ein Umdenken in Gang setzen: Die Länge und Qualität eines Baumlebens, liegt also auch in Ihren Händen.

Es beginnt mit einer guten und professionellen Planung, zieht sich über eine qualitativ hochwertige Begleitung und Pflege, bis hin zur nicht ausbleibenden Entnahme.
Dieser eine Absatz beschreibt im optimalen Fall Jahrzehnte. Die wenigsten von uns werden den Baum, den sie einmal gepflanzt haben, dann auch noch als Habitatbaum sehen dürfen. Und dennoch, wer hier einen Sinn erkennt,

der hat verstanden, aus welchem Grund ich diese Zeilen schreibe!
Lassen sie uns gemeinsam Umdenken, lassen sie uns neue Wege gehen. Nicht für uns, aber für diejenigen die nach uns kommen. Sie werden es uns Danken.

Ich bedanke mich für Ihr Interesse an diesem Buch und wünsche Ihnen jetzt viel Spaß und Erfolg am Grün.

Ihr Wolfgang Lehnen

BAUMARTEN UND IHRE STANDORTANSPRÜCHE

NADELBÄUME

DIE FICHTE

Immergrüner Nadelbaum, meist 30 bis 50 m hoch, kann aber auch höher werden.
Krone im Freistand regelmäßig kegelförmig, Äste hängend bis waagrecht abstehend. Borke kupferfarben bräunlichrot, leicht geschuppt. Nadeln spitz und starr, bis 2,5 cm lang, im Querschnitt rautenförmig, meist gleichmäßig um die Triebachse verteilt (Unterscheidung zu Tanne). Zapfen hängen, fallen als Ganzes zu Boden.

Halbschattbaumart, Flachwurzler, liebt lockeren, humosen Boden, Rohhumusbildner.

DIE WEISSTANNE

Immergrüner Nadelbaum mit geradem Stamm, kann über 50 m hoch werden. Krone zunächst kegelförmig, später abgerundet. Typisch für kränkelnde Bäume (Tannensterben) ist die sogenannte "Storchennestkrone". Äste waagrecht abstehend, Zapfen aufrecht an den Zweigen, zerfallen am Baum. Bei Abriss einer Nadel bleibt keine Rinde haften und „Scheibe" wird sichtbar (siehe Fichte).

Schattbaumart, zwischen 200(–300) und 1500(–1800) m, auf frischen, mittelgründigen Standorten.
Empfindlich gegen Luftverunreinigungen.

LÄRCHE

Sommergrüner, laubabwerfender, bis 40 m hoher Nadelbaum, Krone kegelförmig mit dichter Beastung. Ältere Äste herabhängend mit dann wieder aufsteigenden Spitzen, Borke tiefrissig, oberflächlich graubraun, darunter rotbraun. Nadeln weich, hellgrün, meist an Kurztrieben in Büscheln zu 20–30, seltener einzeln stehend, dicht an Langtrieben. Zapfen zunächst rot, später braun, etwa 3 cm groß, bleiben oft mehrere Jahre an den Zweigen hängen.

Lichtbaumart. Sie bevorzugt basenreiche, frische Böden. Einzige heimische Nadelbaumart, die im Winter die Nadeln abwirft; durch gelbe Herbstfärbung eindrucksvoller Farbenzauber. Hoher Emissionseintrag nahezu ganzjährig.

SCHWARZKIEFER

Immergrüner Nadelbaum, bis 25 (–30) m hoch, Krone in der Jugend eher kegelförmig, später unregelmäßig, oft abgeflacht, im oberen Teil meist dichter beastet. Äste grundsätzlich steiler ansteigend, aber auch waagerecht, sehr formenreich. Nadeln zu je 2 an den Kurztrieben.

Lichtbaumart, wichtige Baumart auf trockenen Standorten in, bevorzugt neutrale bzw. basenreiche Standorte (Dolomit, Kalk).

LAUBBÄUME

ROTBUCHE

Stattlicher sommergrüner Laubbaum, bis ca. 35 m hoch, Krone zunächst schlank, später breit und ausladend gewölbt, besonders im Freistand oft prächtig entwickelt. Äste meist steil aufrecht, nur am Ende meist etwas überhängend. Borke silbergrau, auch bei älteren Bäumen glatt. Knospen charakteristisch länglich, zugespitzt, von Trieben abstehend. Blätter wechselständig, zweizeilig angeordnet, 5–10 cm lang, dunkelgrün, elliptisch bis eiförmig, zugespitzt, am Grund keilförmig, Rand glatt, gewellt, Stiel kurz; behaart. "Bucheckern" (Samen) bis 2 cm, dreieckig, essbar. Zu meist 2–3 Samen in weichstacheligem, holzigem, braunem, 4klappigem Fruchtbecher.

Schattbaumart, bevorzugt frische, nährstoffreiche Böden in sommerkühlen Lagen, v. a. auf Kalk.

STIELEICHE

Sommergrüner, stattlicher Laubbaum, kann bis zu 45 m hoch werden. Krone breit und hoch, im Freistand kugelig gewölbt, weit ausladend, oft unregelmäßig. Stamm schon in geringer Höhe in mehrere starke Äste gegabelt, unregelmäßig. Äste gekrümmt, massiv; knorriges Aussehen. Borke hellgrau bis braungrau, dichtes Netzwerk von Furchen und Leisten (Habitat für Insekten) Blätter 10–12 cm, ca. 8 cm breit. Aufgrund der Lappung asymmetrisch erscheinend. Der Stiel ist kurz (4–8 mm). Eicheln bis 2 cm, in flachem Becher, meist 2–3 auf bis zu 6 cm langem Stiel (Namensgebung!).

Lichtbaumart, wichtige Waldbaumart, auf frischen oder grundfeuchten Böden, vor allem im Flachland; Eichen können sehr alt werden (1000 und mehr Jahre).

TRAUBENEICHE

Großer Baum, dessen Stamm im allgemeinen schlanker ist als bei der Stieleiche. Belaubung nicht büschelig und Krone regelmäßiger. Blüht 14 Tage später als Stieleiche. Graue Rinde mit feinen senkrechten Furchen und Leisten. Die Blätter sind gleichmäßig verteilt und relativ langstielig, mit keilförmigem Grund (vergleiche Stieleiche). Sie sind regelmäßig gelappt und die Blattnerven enden meist nur in den Ausbuchtungen. Eicheln meist kürzer als bei Stieleiche und fast ungestielt, meist zu 3, mitunter bis zu 7 traubig gehäuft (Name!).

Sie ist etwas weniger anspruchsvoll bezüglich Bodenkraft, Wärme und Feuchtigkeit als Stieleiche.

ZERREICHE

Südeuropäischer mittelgroßer Baum. Rinde älterer Bäume längs- und querrissig (Risse gelblich). Blätter sind sehr veränderlich, lederartig steif, spitzlappig, oberseits dunkelgrün, unterseits hellgrün und behaart, mit langen, fadenförmigen Nebenblättern. Die Fruchtbecher sind zottig und kurzstielig.
Im Vergleich zu den anderen Eichenarten, mit 200 Jahren nicht sehr langlebig. Die Zerreiche ist sehr wärmebedürftig, die Ansprüche an den Boden aber geringer als bei Trauben- und Stieleiche.

HAINBUCHE

Sommergrüner Laubbaum, mit breiter und hoher Krone, bis 20 m hoch. Stamm selten gleichmäßig rund, meist oval, ältere fast immer spannrückig, oft verdreht. Borke grau, zunächst glatt, später fein gemustert oder mit flachen Leisten überspannt. Blätter 4–10 cm lang, länglich elliptisch, an Basis rund, scharf doppelt gezähnt, kurz gestielt (0,6–1,3 cm). Die männlichen Kätzchen sind hängend, bleichgrün bis rötlich und oft zahlreich. Fruchtstände sind 7–14 cm lang, das Hochblatt der Nussfrucht ist 3lappig, wobei die Seitenlappen kleiner sind. Herbstfärbung gelb bis braun, Blätter bleiben großteils oft bis ins nächste Frühjahr am Baum. Schattenertragende, stockausschlagfähige Baumart.

Diese Baumart bevorzugt frische, humose, nährstoffreiche Böden. Beliebte Park- und Heckenpflanze.

ESCHE

Sommergrüner Laubbaum, bis 40 m hoch, Stamm meist gerade, Triebe olivgrün, kahl und mit zahlreichen Lentizellen. Borke grau, zunächst glatt, später längsrissig. Blätter gefiedert, 20–30 cm lang mit 9–15 Teilblättern, die lanzettlich bis oval und sitzend sind, Endblättchen kleiner, Fiederblätter fein gesägt. Interessante Blütenbiologie; auf einem Baum könne sowohl zwittrige Blüten als auch rein männliche oder weibliche Blüten auftreten; daneben gibt es aber auch Individuen, die entweder nur weibliche oder nur männliche Blüten besitzen (d. h. Blüten sind einhäusig, zweihäusig, vielehig oder zwittrig). Flügelfrüchte zahlreich in büscheligen, hängenden Rispen, 2,5 bis 5 cm lang mit deutlicher Spitze. Hoher Emissionseintrag.

Halbschattbaumart, schnellwüchsiger, wichtiger Laubbaum, selten bestandsbildend. (spätfrostgefährdet). Bevorzugt frische bis feuchte, tiefgründige und nährstoffreiche Böden, daher meist entlang von Flüssen und Bächen, aber auch auf flachgründigen Kalkstandorten (Kalkesche).

BERGAHORN

Stattlicher, sommergrüner Laubbaum, bis 35 m hoch, Krone hoch gewölbt, nicht sehr ausladend, aber regelmäßig. Borke anfangs graubraun, glatt; später graubraun, rötlich gefleckt, sich in flachen Schuppen ablösend (ähnlich Platane – lat. Name). Blätter 10–20 cm lang, etwa genauso breit, mit 5 eiförmigen spitzen Lappen, mit keilförmigen Buchten. Rand unregelmäßig grob gesägt. Die Oberseite ist dunkelgrün, die Unterseite graugrün (Farbenspiel).

Die Früchte sind kahl, die Flügel etwa rechtwinkelig gespreizt und 3 cm lang. Halbschattbaumart, liebt tiefgründige, humose, frische bis feuchte (kalkhaltige) Böden in kühl-luftfeuchten Lagen (Bergschluchten, Schatthänge). Wertvolles Edellaubholz, sowohl forstlich als auch in Parkanlagen von Bedeutung.

FELDAHORN

Kleiner bis mittelgroßer Baum mit kurzem Stamm und dicht belaubter, unregelmäßiger Krone. Rinde ist vorerst glatt, erst später bildet sich eine rechteckig gefelderte Borke. Die Blätter sind kleiner, langgestielt und am herzförmigen Grunde 5 nervig. Sie sind 3–5-lappig, wobei die 3 mittleren Lappen in stumpfe Zipfel geteilt sind. Blattstil und Rippen mit Milschsaft. Die Nüsschen sind graufilzig und die Flügel sind waagrecht abstehend.

Der Feldahorn ist genügsamer und anpassungsfähiger als Berg- oder Spitzahorn. Er verträgt mehr Beschattung und ist wärmebedürftiger. Er ist ein Baum der Ebene und des Hügellandes.

SPITZAHORN

Mittelgroßer bis großer Baum mit schlankem, geraden Schaft und dicht belaubter Krone. Rinde bildet frühzeitig schwärzliche, fein längsrissige, nicht abblätternde Borke. Die Blätter sind am herzförmigen Grunde 7-nervig. Die 3–5 Lappen sind jeweils 5–7 mal fein und lang zugespitzt; beiderseits glänzend, oberseits lebhaft grün; unterseits hellgrün; die Nervenwinkel sind gebärtet und der meist rote Stil ist milchsaftführend. Die Flügelrückenlinie der Früchte bilden einen stumpfen Winkel.

Der Spitzahorn beansprucht höhere Luftwärme und verträgt mehr Nässe als der Bergahorn. Er ist ein Baum der Tieflagen und der niedrigen Berglagen. Interessant als Straßenbegleitbaum sowie für Parkanlagen.

BERGULME

Sommergrüner, bis 40 m hoher Laubbaum, hohe, oft mehrteilige Krone, im Freistand weit ausladend, Äste ansteigend, dann bogig herabhängend. Borke auch an alten Bäumen auffallend glatt, mattgrau bis dunkelgrau. Blätter verkehrt eiförmig, länglich oval bis rund, 10–16 cm lang, bis ebenso breit, lange Spitze, vorderes Blattdrittel oft "dreispitzig", am Grund auffällig schief, ungleichmäßig doppelt gesägt, Zähne nach vorne weisend. Blattstiel kurz und kräftig (3–6 mm). Früchte (Flügelnuss) 1,5–2 cm breit, Same in der Mitte liegend. Der Same ist durch einen langen Strang mit dem Einschnitt am oberen Ende verbunden.

Halbschattbaumart, auf nährstoffreichen, tiefgründigen, lockeren Böden, bevorzugt kühl humide Lagen (Schluchten, Schatthänge). In Mitteleuropa häufigste Ulme. Stark gefährdet durch das Ulmensterben (Mikropilz, Ophiostoma ulmi).

FELDULME

Sommergrüner, bis 30 m hoher Laubbaum, Krone vielgestaltig, meist hochgewölbt, dabei jedoch eher schmal. Kurze, starke Äste, meist waagrecht abstehend. Borke graubraun, längs-rissig, rechteckig zerklüftet. Blätter 5–12 cm lang, kurz gestielt, oberseits verkahlend und glänzend dunkelgrün, unterseits heller und mit bräunlichen Achselbärten. Die Basis ist stark asymmetrisch und der Rand doppelt gesägt. Die Früchte sind elliptisch bis verkehrt-eiförmig, 13–20 mm lang und die Samen sind unterhalb des geschlossenen Flügeleinschnitts.

Halbschattbaumart, auf mäßig trockenen bis feuchten, nährstoffreichen Böden; in Laubwäldern und Gebüschen; Baum der Ebene und Flusstäler. Wie die Bergulme durch das Ulmensterben gefährdet.

EDELKASTANIE

Mittelgroßer, selten großer Baum. Im Freistand kurzschäftig und breitkronig. Rinde anfänglich olivbraun und glatt, bei zunehmenden Alter durch Flechten weißfleckig, später bräunlichgrau und längsrissig. Die Blätter sind kurzgestilt, groß und länglich-lanzettlich. Der Blattrand ist buchtig gezähnt und stachelspitzig. Die Frucht (Kastanien, Maronen) ist braun, glänzend und der Rosskastanie ähnlich, jedoch zugespitzt und essbar, in stacheligem, faustgroßem Fruchtbecher.

Eine Baumart die im Freistand über 1 m dick und sehr alt werden kann. Die Edelkastanie ist empfindlich gegen Früh- und Spätfröste. Verlangt ein mildes, luftfeuchtes „Rebenklima“. An den Boden stellt sie geringe Ansprüche. Staunässe ist zu vermeiden.

ROBINIE

Mittelgroßer Baum mit schlankem Stamm und lockerer, rundlich bis schirmförmiger Krone. Zweige und junge Äste sind stark dornig (paarweise). Rinde anfangs glatt, später tieflängsrissige, starke Borke. Intensive Vermehrung durch Wurzelbrut. Blätter mit 9–21 Fiederblättchen. Diese sind kurzgestielt, weich und eiförmig. Am Blattgrund 2 stechende Dornen (verwandelte Nebenblättchen).

Baum des Ostens der USA, kommt von Natur aus nicht in Deutschland vor. Liebt lockeren, warmen Boden in milder, geschützter Lage. Die Robinie meidet nasse und moorige Böden und sehr frühfrostempfindlich. Achtung: Der Baum neigt sehr früh zur Stammfäule. Teile des Baumes sowie die Frucht sind giftig! KEIN SPIELPLATZBAUM!

VOGELKIRSCHE

Sommmergrüner Laubbaum, bis etwa 30 m hoch, Krone kugelig gewölbt, in Jugend meist schlanker; Stamm oft sehr dick; Borke rötlich-braun, leicht glänzend, löst sich in Querbinden ab, auffällig waagrechtes Lentizellenmuster. Blätter wechselständig, breit-lanzettlich bis oval, am Rand gesägt, 6–15 cm lang. Oberseits kahl, meist etwas runzelig, an der feinbehaarten hellgrünen Unterseite, tritt der Mittelnerv (z. T. mit Achselbärten) deutlich hervor. Blattstiel 2–5 cm mit meist 2 rötlichen Nektardrüsen. Kirschen kugelig, bis 1,5 cm groß, schwarzrot, bittersüß schmeckend. Lichtbaumart, in Laubmischwäldern, Hecken, an Waldrändern, nicht sehr tief wurzelnd, liebt mittel- bis tiefgründige nährstoffreiche, lehmige Böden, etwas wärmeliebend.

Die Vogelkirsche ist die Stammform aller "Süßkirschen". Für einen Baum relativ kurzlebig, wird nur etwa 100 Jahre alt.

EBERESCHE

Bis 25 m hoher, oft mehrstämmiger Baum. Die Krone ist rundlich und licht. Die Rinde ist graubraun und bleibt länger glatt. Im Alter dunkelbraun und längsrissig. Blätter mit 9–19 Fiedern. Diese sind sitzend, kurz zugespitzt und scharf gesägt. Oberseits sind die Blätter dunkelgrün, unterseits hellgrün und behaart. Die Früchte sind erbsengroß, rot und in lichten Büscheln angeordnet.

Die Eberesche ist sehr anspruchslos und kommt auf mageren bis sehr feuchten Böden der Tieflagen bis zur Baumgrenze vor. Sie gilt als Pionierbaumart mit kurzer Umtriebszeit, hat aber durch die Früchte einen hohen ökologischen Wert.

ELSBEERE

Sommergrüner Laubbaum, bis 20 m hoch, Krone meist recht breit, weit ausladende Äste, oder kugelig, meist aber eher locker mit weitgestellten Ästen. Borke graubraun, kleinschuppig. Blätter ungeteilt, wechselständig, 3–5 cm lang, Umriss breit eiförmig mit jederseits 3–4(5) spitzen dreieckigen gesägten Lappen; Seitennerven bis in die Lappenspitzen verlaufend. Anfangs beiderseits behaart, später oberseits glänzend dunkelgrün, unterseits graugrün, auf den Nerven behaart. Weiße 1–1,5 cm breite Zwitterblüten in Schirmrispe, Früchte kugelig oder eiförmig, 10–18 mm groß, bräunlich und punktiert.

Halbschattbaumart, in ganz Europa außer im Norden, auf frischen bis trockenen, meist kalkhaltigen, lehmigen lockeren Böden, wärmeliebend, eher tiefer wurzelnd.

WILDAPFEL

Kleiner Baum, oft strauchförmig, mit breiter dichtbelaubter Krone. Die Rinde ist hell-rotbraun, die später in dünnen Tafeln abblättert. Nichtblühende Seitenzweige enden oft mit Dornen. Das Blatt ist breit-elliptisch bis eiförmig, mit beiderseits 4 bogig verlaufenden Seitenrippen. Der Stiel ist meist kürzer als das Blatt (vergleiche Wildbirne). Die Früchte sind abgeplattet kugelig, grün bis gelb, mit kurzem Stiel.
Der Wildapfel liebt kräftigen, kalkreichen, frischen Boden in lichten Lagen. Hoher ökologischer Wert. Schöne Ergänzung für Parkanlagen.

HOLZBIRNE

Sommergrüner Baum oder Strauch, Krone meist kegelförmig und hochgezogen, selten rund oder ausladend. Äste meist steil aufgerichtet; Triebenden oft zu Dornen umgewandelt. Lang gestielte Blätter. Blattstiele meist länger als das Blatt; Blätter eiförmig bis rundlich, 2–8 cm lang, kurz zugespitzt, am Rand fein gesägt, kahl und glänzend. Borke kleinfeldrig aufbrechend, Zwitterblüten, 2–4 cm groß in wenigblütigen Trauben, durch Insekten bestäubt. Birnen bis 3,5 cm bräunlich, herbsauer schmeckend.

Licht- bis Halbschattbaumart, tiefwurzelnd, sowohl auf flachgründigen, steinigen Böden, als auch auf tiefgründigen, lehmigen, nährstoffreichen Auböden, in den Alpen bis 850 m Seehöhe, können bis 150 Jahre alt werden. Vorrangig an sonnigen Hängen.

SANDBIRKE

Sommergrüner Laubbaum, bis ca. 20 m hoch, zunächst spitzkegelige, schmale Krone, später rundlich gewölbt oder unregelmäßig. Stamm gerade oder gekrümmt, oftmals einseitig geneigt. Borke glatt, silbrig weiß, mit grauen Querstreifen, an Stammbasis bei älteren Bäumen grobe, tiefe schwarze Leisten; Blätter rautenförmig bis 3eckig, bis 6 cm, lang gestielt, doppelt gesägt und unbehaart.

Lichtbaumart, Pionierbaumart auf lockeren, lichten Rohböden. Fast überall in Europa verbreitet, vor allem auf Sandfluren, Schlägen, Waldrändern u. ä., bestandsbildend bei der Wiederbesiedelung von kahlen Flächen, wird aber mit der Zeit von anderen Baumarten verdrängt.
Pinonierbaumart mit kurzer Umtriebszeit (70 Jahre). Hohe Emissionen. Allergiebaum!

SCHWARZERLE

Sommergrüner Laubbaum, bis ca. 25 m hoch, breite, rundlich gewölbte Krone mit kurzer Spitze. Äste ziemlich weit und locker gestellt, unten eher aufsteigend, oben waagerecht abgehend. Borke bräunlich grau, in annähernd rechteckige Felder aufgebrochen, junge Triebe dicht drüsig und klebrig. Blätter wechselständig, bis 10 cm lang, breit keilförmig, im vordersten Blattdrittel am breitesten, vorn abgerundet, häufiger sogar eingekerbt. Blätter sind oberseits glänzend dunkelgrün, kahl und klebrig, unterseits bis auf die gelbbraunen Achselbärte ebenfalls kahl. Blüte vor Laubaustrieb, männliche Kätzchen 5–10 cm, zu 3–5. Früchte 1–1,5 cm lang, deutlich gestielt, zu 3–5, stark verholzt – sehen aus wie kleine "Zapfen".

Optimales Begleitgün an Gewässern oder Staunassen Standorten. Bevorzugt lockere Böden.

WEISSERLE

Kleiner bis mittelgroßer oft mehrstämmiger Baum mit graubrauner, später silbergrauer Rinde. Die Blätter sind eiförmig, zugespitzt und doppelt gezähnt. In der Jugend beidseitig weichhaarig, später oberseits fast kahl, unterseits graugrün behaart bis filzig.

Anspruchslose, anpassungsfähige und frostharte Lichtbaumart. Optimaler Baum bei staunassen Standorten. Bei uns eher selten anzutreffen.

WINTERLINDE

Sommergrüner Laubbaum, bis 40 m hoch, stattlich, hohe, gewölbte Krone, meist unregelmäßig. Borke zunächst grau, glatt, später dunkelgrau bis schwärzlich, längsrissig. Blätter herzförmig, 3—10 cm lang, am Rand gezähnt graugrün, mit rostfärbigen Achselbärten, sonst kahl. Früchte kugelig, 5–8 mm, weichschalig, schwach gerippt und behaart.

Schattbaumart, tiefwurzelnd, bevorzugt frische bis mäßig trockene, nährstoffreiche lehmige Böden. Häufig angepflanzter Allee- und Parkbaum. Hoher Emissionseintrag!

SOMMERLINDE

Großer Baum, der im Freistand eine noch mächtigere Krone bildet, wie die Winterlinde. Die Borke ist längsrissig und dicht gerippt. Die Blätter sind rundlich-eiförmig, 7–15 cm lang und plötzlich zugespitzt. Oberseite nur anfangs behaart, unterseits flaumig behaart mit weißlichen Achselbärten (vergleiche Winterlinde). Früchte sind kugelig, 8–18 mm, deutlich 5-kantig, graufilzig behaart und hartschalig.

Die Ansprüche an Licht, Wärme und Luftfeuchtigkeit sind größer als bei der Winterlinde. Die Sommerlinde ist ein Baum der mittleren Gebirgslagen (frostgefährdet).

ASPE

Großer Baum, mit geradem Stamm und lichter Krone. Die Rinde ist grau und glatt und reißt später der Länge nach auf. Die Blätter sind rund, grob und unregelmäßig gezähnt und kahl. Der Stiel (3–7 cm) ist lang, dünn, kahl und abgeflacht (Angriffspunkt für den Wind – Zittern).

Die Aspe ist sehr anpassungsfähig, gedeiht aber am besten auf humusreichem, frischem bis feuchtem Boden. Sie ist eine lichtbedürftige, spätfrostharte, bodenverbessernde Baumart.

SILBERPAPPEL

Hoher Baum mit geradem, vollholzigem Stamm. Die Rinde ist weißlich-grau, an der Basisgefurcht und schwärzlich. Die Blätter sind sehr verschiedenförmig, an Langtrieben 3–5 lappig, Lappen grob gezähnt, oben dunkelgrün und kahl, unterseits weißfilzig; Stiel seitlich zusammengedrückt. An Kurztrieben eiförmig, Rand unregelmäßig wellig, unterseits graufilzig, Stengel fast rund.

Die Standortsansprüche sind weniger bescheiden als bei der Aspe, liebt den Auboden und gedeiht noch auf Sand- und Moorboden. Verträgt Sommerhitze als auch Winterkälte.

SALWEIDE

Hoher Strauch oder niederer, wenig verzweigter Baum. Die Rinde ist glatt, grünlich-grau und feinrissig. Alte Stämme sind hellgrau mit breit ausreißender Borke. Die Blätter sind breit-elliptisch, mit kurzer zurückgebogener Spitze. Der Rand ist gewellt, gesägt oder gezähnt. Oberseite ist kahl-runzelig, Unterseite graufilzig mit vortretender Nervatur.

Die Salweide stellt geringe Standortsansprüche, ist aber lichtbedürftig und kommt daher vorzugsweise an Waldrändern und Lichtungen vor. An den Boden stellt die Weide geringe Ansprüche, bevorzugt aber feuchte und lockerere Böden. Gute Begleitpflanzung an staunassen Standorten und an Gewässern. Hoher ökologischer Wert da Frühblüher!
(Quelle in Teilen: Bundesamt und Forschungszentrum für Wald Österreich)

CHECKLISTE VOR DER BAUMPFLANZUNG:

Zu pflanzende Baumart:

Anzahl:

Geplante Höhe am Pflanztag:

Vorhandenes Budget:

Geplanter Pflanztag:

Standortanalyse umgesetzt:

Ja ☐ Nein ☐

Funktionserfüllung definiert:

Bodenverbessernde Maßnahmen nötig:

Benötigtes Arbeitsgerät:

Benötigtes Personal:

Materialbedarf zur Baumanbindung:

Eventuelle Arbeiten im Baumumfeld:

Pflanzung von Begleitvegetation:

Schutzmaßnahmen (Sonnenschutz):

Wasserbedarf am Pflanztag:

Substratmenge bei Substrataustausch:

Pflanzgut von Baumschule:

Grenzabstände geklärt:

Meine Einnahmen dieses Ratgebers werden im Übrigen zu 100 % genutzt, um neue Bäume an Schulen zu etablieren.

DANKE

Und auch die Danksagung darf nicht fehlen!
Zuerst bedanke ich mich bei meiner Frau. Ohne sie wäre ich in meinem Beruf nicht das, was ich bin, denn der stärkste Mann ist eben nur so stark, wie die Frau an seiner Seite. Mein fachlicher Dank geht an Bertram (Charly) Müller. Als mein damaliger Ausbildungsmeister hat er den Grundstein für meine jetzige Tätigkeit gelegt. Er lebt und liebt seinen Beruf und eben genauso hat er auch sein Wissen vermittelt. Danke!

Ebenfalls danke ich Stefan Seiwert für die unzähligen fachlichen Dialoge und die Plattform zum Austausch. Und mein letzter Dank geht an Sie! Sie lesen richtig. Ich danke Ihnen. Denn mit dem Erwerb dieses Buches, legen sie den Grundstein für mehr Qualität am urbanen Grün!

„Im kleinsten Raum,
pflanz einen Baum.
Und pflege sein,
er trägt dir`s ein."

(Autor unbekannt)

BILDQUELLEN

Alle Abbildungen stammen von Wolfgang Lehnen.
Die Icons der Blätter stammen von Terdpongvector / Freepik.

IMPRESSUM

Die in diesem Buch enthaltenen Empfehlungen und Angaben sind von dem Autor mit größter Sorgfalt zusammengestellt und geprüft worden. Eine Garantie für die Richtigkeit der Angaben kann aber nicht gegeben werden. Autor und Verlag übernehmen keine Haftung für Schäden und Unfälle. Bitte setzen Sie bei der Anwendung der in diesem Buch enthaltenen Empfehlungen Ihr persönliches Urteilsvermögen ein.
Der Verlag Eugen Ulmer ist nicht verantwortlich für die Inhalte der im Buch genannten Websites.

Anmerkung des Verlags zur Schreibweise (Gendering): Gendergerechtigkeit und Inklusion sind bei uns gelebte Praxis – bei der Auswahl unserer Themen, bei der Recherchearbeit, in der Gestaltung. Unsere Texte meinen alle. Damit unsere Inhalte jedoch gut lesbar bleiben, verzichten wir in diesem Werk auf die jeweilige Mehrfachnennung oder Anpassung der Schreibweise bestimmter Bezeichnungen an die weibliche, männliche oder diverse Form.

Bibliografische Information der Deutschen Nationalbibliothek
Die Deutsche Nationalbibliothek verzeichnet diese Publikation in der Deutschen Nationalbibliografie; detaillierte bibliografische Daten sind im Internet über http://dnb.d-nb.de abrufbar.

Wollgrasweg 41, 70599 Stuttgart (Hohenheim)
E-Mail: info@ulmer.de
Internet: www.ulmer-verlag.de
Lektorat: Mark Ellenberger
Herstellung: Verlag Eugen Ulmer
Umschlag-Gestaltung: Verlag Eugen Ulmer
Satz: Fotosatz Buck, Kumhausen
Reproduktion: time:ray, Jettingen
Druck und Bindung: Pustet, Regensburg
Printed in Germany

ISBN 978-3-8186-2402-6

Hier können Sie weiterlesen:

Gehölzkrankheiten.
Ziersträucher, Allee- und Parkbäume.
Thomas Brand, Jörg Grüner. 6., akt.
und erw. Auflage 2024. 296 S.,
644 Farbfotos, 3 sw-Sporentafeln, 1
farbige Zeichnung, geb.
ISBN 978-3-8186-2052-3

Der Taschenatlas „Gehölzkrankheiten" stellt Ihnen die häufigsten und auffälligsten Schadbilder an insgesamt 61 Gehölzgattungen vor und beschreibt diese ausführlich in Wort und Bild. Durch ein breit angelegtes Merkmalsspektrum haben Sie die Möglichkeit Krankheiten, Schädlingsbefall sowie abiotische Schädigungen an Ihren Gehölzen sicher zu erkennen. Ergänzt wird der Text durch Hinweise zur Vorbeugung und Bekämpfung der jeweiligen Schadursache. Besonders aktuell ist dieses Buch auch durch die Aufnahme in der Praxis auftretender gebietsfremder Schadorganismen, von denen einige bereits die Existenz unserer heimischen Baumarten bedrohen.